D1687014

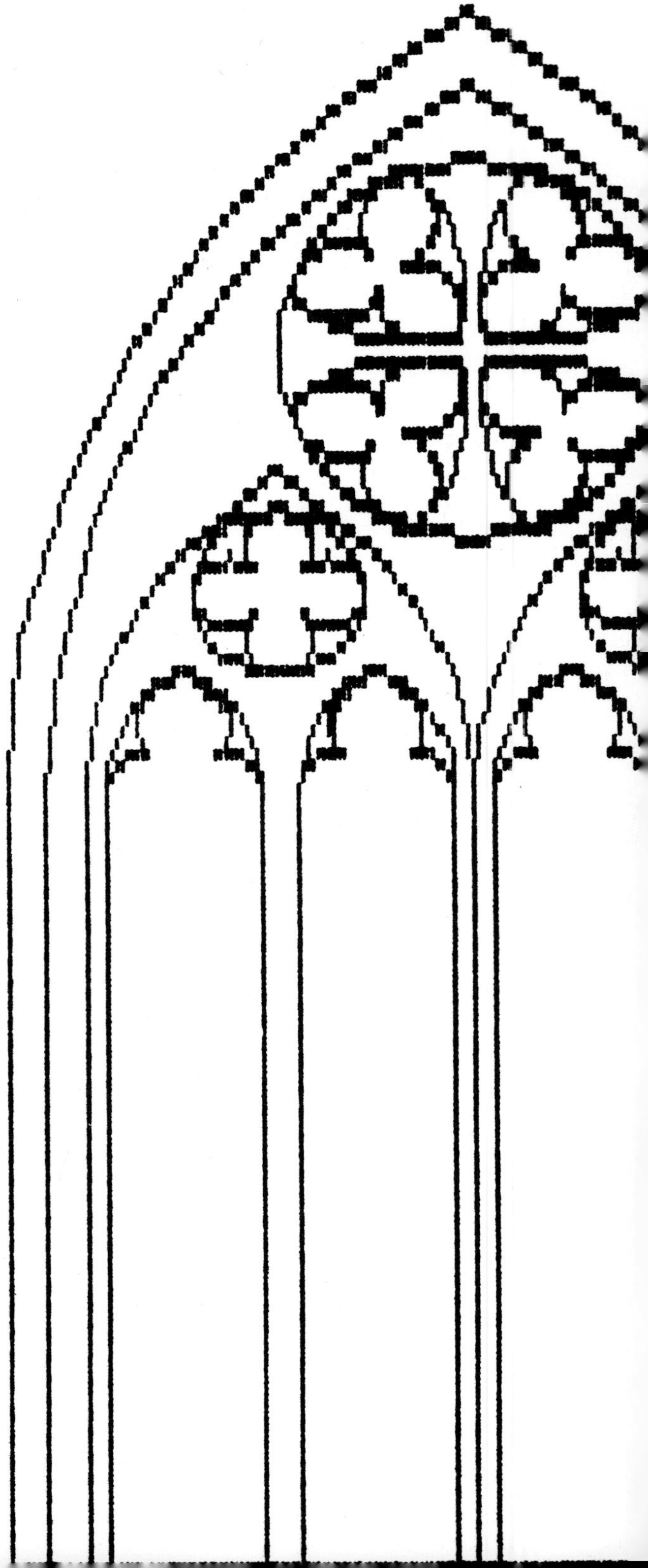

Gotik in Pascal

Rosenprogramme und andere Prozeduren
für gotisches Maßwerk
in Turbo Pascal 4.0/5.0

von Peter Schweiger

Oldenbourg

Die Deutsche Bibliothek — CIP-Einheitsaufnahme

Schweiger, Peter:
Gotik in Pascal : Rosenprogramme und andere Prozeduren für
gotisches Maßwerk in Turbo Pascal 4.0/5.0 / von Peter
Schweiger. — München : Oldenbourg, 1992
　ISBN 3-486-21422-5

© 1992 R. Oldenbourg Verlag GmbH, München

Das Werk einschließlich aller Abbildungen ist urheberrechtlich geschützt. Jede Verwertung außerhalb der Grenzen des Urheberrechtsgesetzes ist ohne Zustimmung des Verlages unzulässig und strafbar. Das gilt insbesondere für Vervielfältigungen, Übersetzungen, Mikroverfilmungen und die Einspeicherung und Bearbeitung in elektronischen Systemen.

Gesamtherstellung: Hofman Druck, Augsburg

ISBN 3-486-21422-5

Inhalt

Einleitende Bemerkungen 9

I. TEIL: GRUNDFORMEN UND RUNDFENSTER 11

1. Linienzüge 13
1.1 Die Bedeutung der Textverarbeitung 14
1.2 Ein vorläufiges Kontakt-Programm 15
1.3 Die Bewahrung des Unterschieds 18
1.4 Spezialisierung 19
1.4.1 STIFT.PRC, ein spezielles Prozedurenpaket für Maßwerkfiligran 20
1.4.2 Erläuterungen zum Paket STIFT.PRC 23
1.4.3 Treppengiebel und Zinnen 24
1.5 Geometrische Elementarformen 28
1.5.1 Das Grafikelement und die Zählerschleife 28
1.5.2 Regelmäßige Vielecke 30
1.5.3 Ein "rundes" Vieleck 31
1.5.4 Sterne 31
1.6 Reproduktionsmethoden 32
1.6.1 Drehung 32
1.6.2 Verschiebung mit Schubprozeduren 33
1.6.3 Vergrößerung mit Rekursion und Verzweigung 34
1.6.4 Achsensymmetrie mit Positionsprozeduren 35
1.6.5 Die quadratische Tafel von Amiens 37

2. Das Rad 41
2.1 Zentrierung und Schnittstellenvereinbarungen 41
2.2 Reifen für den Okulus 44
2.3 Ein Lochscheibenfenster wie in Limburg 45
2.4 Ein Speichenradfenster wie in Otterberg 46

3. Bogen 49
3.1 Schnelle Bogenprozeduren 49
3.2 Spitzbogen und Kleeblattbogen 50
3.3 Dreiblatt und Vierblatt 53
3.4 Rundfenster wie in Basel und Lajen 55
3.5 Ein Tympanon wie in Worms durch Rekursion 57
3.6 Kielbogen und Nonnenkopf 58
3.7 Ein Fischblasenfenster in Wimpfen 60

4.	**Pässe**		63
4.1	Dreipässe und Vierpässe		63
4.2	Dreipaßbogen und rundbogige Fischblasen		66
4.3	Rundfenster wie in Roye, Arnsberg und Hildesheim		68
4.4	Dreibogen und Vierbogen		71
4.5	Rundfenster wie in Magdeburg und Zeitz		72
5.	**Kränze nach Katalog**		75
5.1	Eine mehrfach verzweigte Prozedur für Kränze		75
5.2	Das Modell von Villard de Honnecourt		77
5.3	Das Glücksrad von Beauvais und andere Speichenradfenster		78

II. TEIL: MASSWERK ... 83

6.	**Bandornamente**		85
6.1	Ein zentriertes Gitter		85
6.2	Ein Fries wie in Karlsruhe		87
6.3	Bandornamente systematisiert		89
6.4	Brüstungen wie in St. Leonhard in Frankfurt		91
6.5	Eine Galerie wie auf der Nicolaikirche in Frankfurt		95
6.5.1	Eine erste Konstruktionsprozedur		95
6.5.2	Das Galerieprogramm		97
7.	**Maßwerkfenster und ein Flammengiebel**		101
7.1	Fenster und Gewände		101
7.2	Arkaden		102
7.3	Fensterflügel		103
7.4	Ein Maßwerkfenster wie in Altenberg		104
7.5	Maßwerkfenster mit Rosen nach Augenmaß		105
7.6	Eine rekursive Maßwerkprozedur		108
7.7	Ein Flamboyant-Giebeldreieck wie in Vendôme		111
7.7.1	Das Meßverfahren aus dem Bauhüttenbuch als Vorbild		111
7.7.2	Dreieckskonstruktionen		111
7.7.3	Das Giebelprogramm		115

III. Teil: ROSENFENSTER		121
8.	**Vielpässe nach Maß und Zahl**	123
8.1	Eine Vermessungsaufgabe nach Villard de Honnecourt	123
8.2	Das Paßmaß	124
8.3	Das Reimser Fenster	127
8.4	Rosenfenster mit Vielpässen	128
8.5	Ein Kranz aus Vielpässen wie in Gotha	131
9.	**Fensterrosen nach Maß und Zahl**	133
9.1	Radmaße	133
9.2	Sechs Fensterrosen aus vier Ländern	137
9.3	Maßwerkfenster mit "berechneten" Rosen	145
9.4	Zentripetale Fensterrosen	148
9.5	Sechs Fensterrosen mit zentripetalen Elementen	151

Nachbemerkungen 159
Anmerkungen 161
Glossar: Kunst- und baugeschichtliche Begriffe 163
Verzeichnis der (mehrfach aufgerufen) Prozeduren 171
Rangordnung der Prozeduren in den Prozedurpaketen 177
Abbildungsverzeichnis 181
Register 183

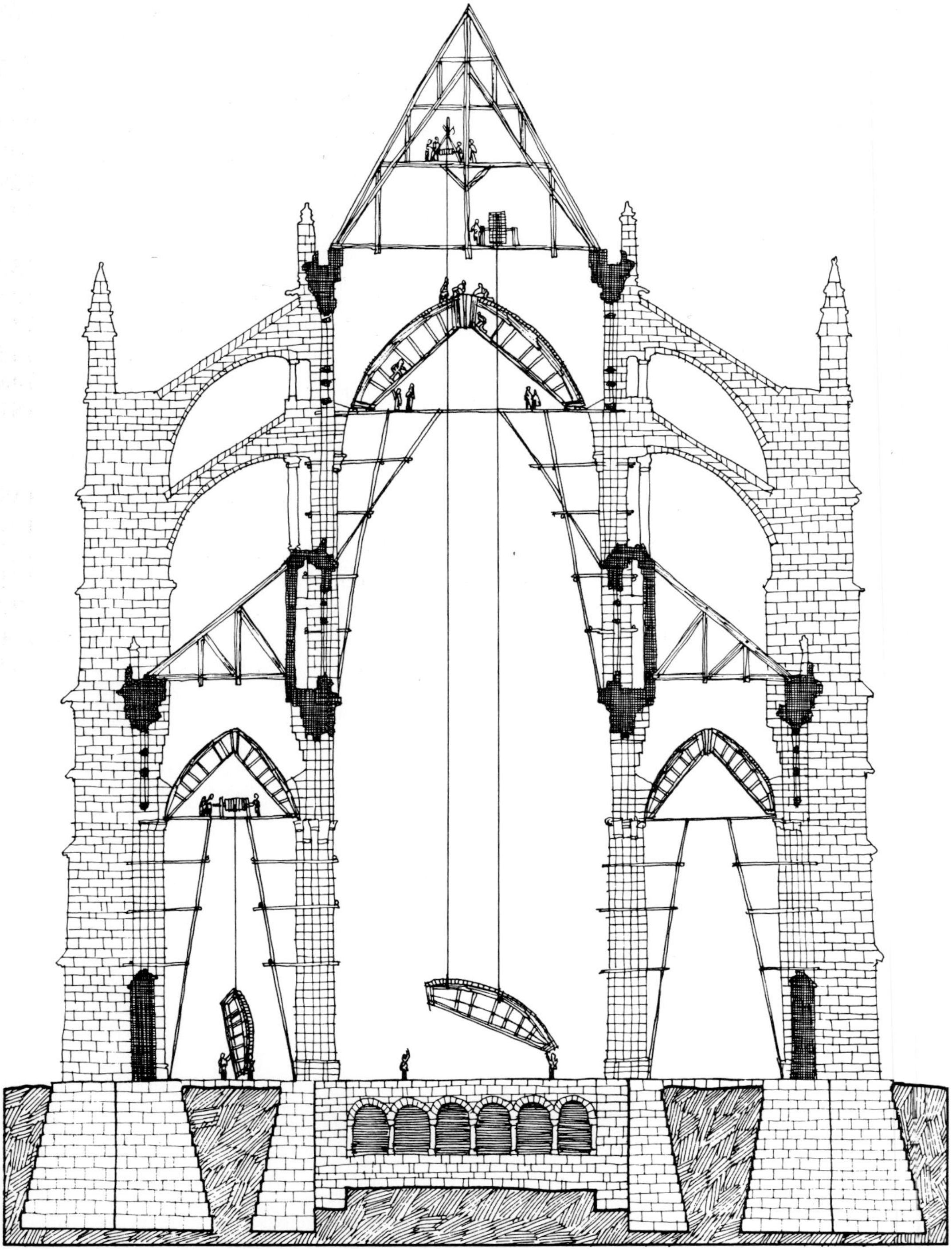

Einleitende Bemerkungen

"Es ist das unsere Grundsituation – immer wieder finden wir uns scheinbar äußeren, fremden Strukturen gegenüber, die uns als Regeln, Vorschriften, Zwänge und Gesetze im Außen beggenen. Neben der Möglichkeit, sie zu bekämpfen, gibt es noch die andere, sie zu akzeptieren und sich zu eigen zu machen, ja sie als die eigenen zu erkennen – um schließlich zu erleben, daß alles immer "nur" Nachvollzug ist – Nachvollzug dessen, was schon war und ist und sein wird." (1)

Ganz in diesem Sinne möchte ich Sie zum Nachvollzug und zur Rekonstruktion gotischer Formen mit Hilfe des Computers einladen. Als Medium im engeren Sinne dient dabei die Programmiersprache Turbo Pascal bzw. ein Grafik-Prozeduren-Paket, das in Turbo Pascal in der Version 4.0/5.0 geschrieben ist und das als fertiges Mini-Software-Paket übernommen werden kann. Es stellt ein "Bildschirmfahrzeug" für Formerfahrungen zur Verfügung: den mit einem Kompaß ausgerüsteten Grafikcursor. Dessen eigentliche Heimat ist die Programmiersprache Logo. Dort hieß er ursprünglich "turtle", hatte drei Räder und einen Stift. Man konnte ihn durch einfache Befehlswörter vom Computer aus auf einem Bogen Papier umherschicken und dabei Zeichnungen ausführen lassen. Inzwischen hat er sich auch in Logo entmaterialisiert, ist dort zu einem dreieckigen Zeichen und hier in unserem Turbo Pascal-Paket gar zu einem Punkt geschrumpft. Das Grafikpaket hat dem Cursor die Fahrtüchtigkeit, d.h. die Fähigkeit, auf einfache, unmittelbar verständliche Steuerbefehle zu reagieren und Spuren zu ziehen, wiedergegeben – jetzt aber auf dem Bildschirm.

Wenn Sie sich darauf einlassen wollen, dann ist der Grafikcursor also unser Testfahrzeug beim Versuch, gotische Formen, speziell gotische Bauornamente, zu beschreiben. Um ihn richtig steuern zu können, brauchen wir keine perfekten Programmierkenntnisse. Wir müssen aber mit dem Computer in Interaktion treten, d.h. das vage Formwissen der Hand (z.B. beim Zeichnen) in klare (wenn auch vielleicht erst einmal vorläufige) Handlungsanweisungen

Fensterrose an der Westfassade des Straßburger Münsters, äußere Schale

umsetzen, so daß der "dumme", aber folgsame Cursor danach Spuren ziehen kann, die uns entweder in unserer Erfahrung bestärken oder uns zwingen, genauere Erfahrungen zu machen. Wir erleichtern uns die Arbeit, indem wir unsere Formen und Ornamente baukastenartig aufbauen. Jeder Baustein, jedes Formmodul soll unmittelbar nach seiner Erstellung selbständig nutzbar und überprüfbar gemacht werden. Die Entwicklung hin zu differenzierteren und komplexeren Formen geht dann in kleinen Schritten vonstatten. Das, was in einer bestimmten Phase der Form- bzw. Programmentwicklung hinzukommt, ist stets nur ein kleines, überschaubares Modul.

Das vorliegende Buch ist vorrangig nach programmiertechnischen Schwierigkeitsgraden gegliedert: Im ersten Teil der Arbeit werden vielfach verwendbare Formprozeduren für Vielecke, Kreise, Bogenformen, Pässe und Kränze erarbeitet. Am Ende eines jeden Kapitels werden Anwendungsbeispiele vorgestellt. Die Anwendungsprozeduren sind in der Regel durch geographische Namen gekennzeichnet.

Im zweiten Teil werden die Formen des ersten Teils zu Bandornamenten und Maßwerkfenstern zusammengesetzt. Dann werden erstmals Suchstrategien zur Ermittlung von Maßen für diese Bandornamente angewendet.

Mit Hilfe weiterer Suchstrategien und den Formprozeduren des ersten Teils sind im dritten Teil detailreiche Ornamente dargestellt.

I. TEIL: GRUNDFORMEN UND RUNDFENSTER

Die erste von der Kunstgeschichte gotisch genannte Kathedrale wurde 1140 in Sens (südöstlich von Paris) begonnen. Das heißt selbstverständlich nicht, daß von dieser Zeit an nur noch gotisch gebaut wurde. Die mehr als siebzig Jahre danach entstandene Kirche St. Georg in Limburg und die weitere zwanzig Jahre später fertiggestellte Zisterzienserkirche in Otterberg in der Pfalz zeigen vorwiegend spätromanische Stilelemente. Auch ihre Rundfenster sind spätromanisch. Weil sie leichter darzustellen sind als gotische, beschäftigen sich die Anfangskapitel dieses Buches mit ihnen: Nach einem Auftaktkapitel über eckige Form erarbeiten wir Darstellungsprogramme für ein Lochscheibenfenster aus Limburg und ein Speichenradfenster aus Otterberg.

Der Begriff Gotik im Titel dieses Buches ist also zunächst nur als vorläufige zeitliche Orientierung zu verstehen. Im 12. Jahrhundert unterschied man sowieso nicht so streng zwischen den alten und den neuen Formen, wie das heute vielfach getan wird. Und außerdem gehen die Elemente, aus denen gotische Systeme zusammengesetzt wurden, auf romanische Vorformen zurück. Für beide, für Vorformen und für die neueren Elemente des gotischen Maßwerks, werden im dritten und vierten Kapitel dieses Buches einfache, grundlegende Module entwickelt.

Das Besondere der Gotik ist genau genommen nur die Synthese der neuen Elemente zu einer einheitlichen Gesamtanlage. Im Rahmen dieser Arbeit können wir zwar nicht ein ganzes gotisches System erfassen, sondern müssen uns auf Teile der ornamentalen Ausgestaltung beschränken. Aber wir können ein geordnetes Prozedurensystem aufbauen, das die geometrischen Formelemente für spätere Vielfalt verfügbar macht: Der Weg führt bereits im vierten und fünften Kapitel des Buches zu Konzepten für Rundfenster, denen man durchaus schon das Stilmerkmal gotisch und den Ehrennamen Rosenfenster zuweisen kann.

Die gotische bzw. spätromanische Bautechnik war selbstverständlich mittelalterlich. Ein Baumeister dieser Zeit mußte sein Handwerk am Bau erlernen. "Mit kleinen Hilfsarbeiten beginnend, hat er dann Steine maßgerecht behauen." (2) Seine Kenntnisse stützten sich auf "im Laufe der Generationen gewonnenen Erfahrung" (3). Bittere Lehren waren dabei nicht ausgeschlossen. Allein die Kathedrale von Beauvais hat während ihrer Bauzeit zwei dramatische Einstürze erlebt (1284 und 1573).

Über die mathematischen und theoretischen Voraussetzungen der mittelalterlichen Baumeister schreibt der Kunsthistoriker Naredi-Rainer: "...die mathematischen Kenntnisse mittelalterlicher Baumeister waren elementar und ausschließlich praxisorientiert...". So war z.B. das Verhältnis der Höhe im gleichseitigen Dreieck zur Seite ein mathematischer Sachverhalt, dessen sich "...der in Euklidischer Geometrie nur wenig bewanderte mittelalterliche Baumeister kaum bewußt gewesen sein dürfte..." (4).

Mittelalterliche Pläne waren nicht dafür geeignet, mit Hilfe eines Maßstabes in die Wirklichkeit übertragen zu werden. "Keiner der mittelalterlichen Pläne wäre dafür auch genau genug. (...) Der jeweilige Plan (...) dient dem Architekten nur dazu, sich den Konstruktionsweg zu erinnern, den er während des Baues Schritt für Schritt in natürlicher Größe wiederholt." (5)

In Analogie zu den historischen Gegebenheiten sind in diesem Buch alle über das Elementare hinausgehenden mathematischen Verfahren, wie z.B. trigonometrische Berechnungen, auf ein Prozedurenpaket (siehe Seite 21) beschränkt. Außerhalb dieses kleinen Softwarepaketes sind abstrakte mathematische Verfahren im ersten Teil und fast auch im ganzen zweiten Teil des Buches durch (verbesserungsfähige!) Schätzungen ersetzt. Erst im letzten Teil des Buches werden fehlende Maße vorwiegend von praktischen, beobachtbaren Konstruktionsprozeduren gefunden.

1. Linienzüge

Der Mut, klein anzufangen, sich mit grundlegenden Konzepten für elementares Zeichnen zu beschäftigen, ist in unserer Zeit der hochgradig komplexen Technologien nicht selbstverständlich. Ermutigung dazu bietet u.a. der Konzept- und Minimalkünstler Sol LeWitt: Als er 1971 aufgefordert wurde, einen Beitrag für einen Kunstsammelband mit dem Titel "Concept Art" zu produzieren, lieferte er acht Arbeitsanweisungen auf acht ansonsten leeren Blättern. Die Ausführung war den Lesern überlassen. Eine dieser Anweisungen verlangt einen einzigen Linienzug:

"Nimm einen Füllhalter oder Bleistift
zeichne eine gerade Linie
von beliebiger Länge auf dieser Seite." (6)

Mit diesen drei Zeilen demonstrierte Sol LeWitt, daß für ihn das Konzeptieren als eigene Kulturtechnik neben das Schreiben, Lesen und Zeichnen getreten ist. Sol LeWitt zeigte, daß die moderne Kunst mit dem freien Spiel der konkreten Bildelemente Punkt, Linie, Fläche, Farbe, Raum noch nicht an ihr Ende gekommen ist. Die Linie war für ihn nur noch die jederzeit und von jedermann (und von jedem Computer?) reproduzierbare materielle Spur des sie verursachenden Bewegungskonzepts. Autonomiestreben, Abstraktion und Entmaterialisierung der Modernen Kunst endete für Sol LeWitt nicht bei der konkreten Linie, sondern bei der Idee für diese Linie, bei ihrem Bewegungskonzept. Einmal erfunden, ermöglicht ein solches auf Wiederholbarkeit angelegtes Bewegungskonzept selbstverständlich immer auch Serienproduktion.

Wir dürfen also auf das Wohlwollen der so verstandenen "Modernen" hoffen, wenn wir erst einmal Zug um Zug Bewegungskonzepte bzw. Bewegungsprogramme für Linien erarbeiten. Auch etwas Zustimmung aus den Reihen der sogenannten Postmodernen können wir erwarten, wenn wir den Bewegungsspuren einen Darstellungswert für abstrakte gotische Formen zuweisen. Aber den Kriterien der Realisten (gleich welcher Art) will und kann unsere Arbeit nicht entsprechen. Das gilt auch für den Abschluß dieses ersten Kapitels, in dem der schon sehr komplexe Fugenplan für Bodenplatten in der Vierung der Kathedrale von Amiens erstellt wird.

1.1 Die Bedeutung der Textverarbeitung

Die Arbeitsanweisung von Sol LeWitt läßt zu viel Spielraum, um als Programmablaufplan (= Algorithmus) für die Produktion eines bestimmten Blattes mit einer bestimmten Linie dienen zu können. Wir schreiben sie trotzdem in den Editor von Turbo-Pascal und verbessern sie so lange, bis wir den Eindruck haben, daß jetzt jedermann nur noch identische Blätter mit je einer identischen Linie danach produzieren könnte. Also: Diskette einlegen, *turbo* eintippen, Return-Taste drücken – und schon präsentiert uns das Turbo Pascal-System sein Menü. Vieles von dem, was dort angeboten wird, werden wir nie brauchen. Einiges ist nur für den Fachmann interessant. Aber die Beschäftigung mit dem Schreibprogramm, das mit dem Namen Editor aus dem Menü ausgewählt werden kann, lohnt sich für jedermann, der bereit ist, die Gewohnheitsbeziehung zur guten alten Schreibmaschine aufzugeben. Deshalb schlage ich jedem Anfänger vor, zur Übung im Editor auch noch jenen längst fälligen Brief an den Freund zu schreiben – ihn zu verbessern, zu sichern, wieder zu laden, noch einmal umzustellen und ihn schließlich zu drucken und zu sichern. Zum Nachschlagen der Editor-Kommandos eignet sich unter anderem das Kapitel über den Editor im Turbo Pascal 4.0-Handbuch (7). Besser dran ist, wer einen Bekannten hat, der ihm die ersten Griffe zeigt.

Das besondere Erlebnis einer Erstbegegnung mit einem Textverarbeitungssystem ist nicht der fertige, endgültige, fehlerfreie, perfekte Text, sondern die fast uneingeschränkte, nur noch lose an das Materielle der Speicher gebundene Veränderbarkeit und Mobilität der Ideen und Informationen. (8)

1.2 Ein vorläufiges Kontakt-Programm

Unsere Experimente im Editor des Pascal-Systems mit dem Originaltext von Sol LeWitt sollten u.a. auch zeigen, daß zu einem brauchbaren Algorithmus für die Produktion eines bestimmten Blattes mit einer bestimmten Linie noch weitere Angaben notwendig sind. Aber selbst der vollständige Algorithmus kann erst vom Pascal-System verarbeitet werden, wenn er nach strengen formalen Regeln aufgebaut ist. Was diesen Syntax-Regeln nicht entspricht, kann vom Computer nicht entschlüsselt werden und wird mit stupiden Fehler-Meldungen quittiert.

Das folgende Kontakt-Programm für Grafik entspricht den formalen Erwartungen, d.h. der Syntax von Turbo Pascal. Der Programmierer nennt es Quelltext. Wenn Sie es abtippen, können Sie es von dem "Compiler" (siehe Menueleiste!) in Maschinensprache übersetzen lassen und mit Run (siehe Menueleiste!) starten. Dann wird Ihre erste Grafik auf dem Bildschirm entstehen.

```
(*  1 *) program KONTAKT;
(*  2 *) uses Graph;
(*  3 *) var  Grafiktreiber, Grafikmodus :integer;

(*  4 *) prodecure GRAFIKEIN;
(*  5 *) begin
(*  6 *)    Grafiktreiber:=Detect;
(*  7 *)    InitGraph(Grafiktreiber,Grafikmodus, '');
(*  8 *) end;

(*  9 *) procedure GRAFIKAUS;
(* 10 *) begin
(* 11 *)    ReadLn;
(* 12 *)    CloseGraph;
(* 13 *) end;

(* 14 *) (*Hauptprogramm*)
(* 15 *) begin
(* 16 *)    GRAFIKEIN;
(* 17 *)    (*...........*)
```

```
(* 18 *)    MoveTo(200,100);
(* 19 *)    LineTo(300, 70);
(* 20 *)    (*............*)
(* 21 *)    GRAFIKAUS;
(* 22 *) end.
```

Der Vereinbarungsteil

Der Quelltext beginnt mit einer Überschrift (dem program(!)-Kopf) und dem Vereinbarungsteil. Er richtet im Computer Speicherplätze für zwei ganzzahlige (integer-)Variablen ein, die in der Prozedur *GRAFIKEIN* gebraucht werden.

Außerdem wird mit *uses* die Turbo Pascal-Bibliothek *Graph*, die die Graphikanweisungen enthält, an das Programm gebunden und damit verfügbar gemacht.

Das Hauptprogramm

Das Produkt des Kontaktprogramms (eine gerade Linie, die von links unten nach rechts oben verläuft) ist eine Bestätigung dafür, daß es gelungen ist, einen wortsprachlichen "Kontakt" zu einer Maschine herzustellen. Die Maschine wurde veranlaßt, das zu tun, was in den wichtigsten Programmzeilen, den Zeilen 18 und 19 im Hauptprogramm verlangt ist:

Die Anweisung *MoveTo(200,100);* sagt: Der Cursor soll sich, ohne eine Spur zu hinterlassen, zu dem Punkt mit den Koordinaten 200 und 100 begeben.

Die Anweisung *LineTo(300,70);* sagt, daß der Cursor von dort aus eine Linie zu dem Punkt mit den Koordinaten 300 und 70 zeichnen soll. Die beiden Anweisungen müssen durch einen Strichpunkt voneinander getrennt werden.

Die Zeilennumerierung und das, was in Zeile 14, 17 und 20 in Kommentarklammern eingeschlossen ist, ist nur Schmuck bzw. Orientierungshilfe für uns Anwender und wird vom Turbo Pascal-System ignoriert.

Wie jeder Anweisungsblock wird das Hauptprogramm mit *begin* eingeleitet und mit *end* abgeschlossen. Ganz am Ende des Hauptprogramms steht ein Punkt – immer!

Die Unterprogramme

Das Unterprogramm (= die Prozedur) *GRAFIKEIN* wird in Zeile 16 vom Hauptprogramm bei seinem Namen aufgerufen. In Zeile 4 bis 8 ist die Prozedur aufgelistet. Aus dem Listing läßt sich entnehmen, daß die Prozedur ihrem Namen entsprechend handelt: Sie schaltet die für Grafik notwendige Hardware ein. Es ist nicht notwendig, mehr darüber zu wissen, denn die in ihr verwendeten Variablennamen (siehe Vereinbarung Zeile 3) und Anweisungen sind extra dafür geschaffen, daß wir uns unnötige Informationen über die Hardware unseres Computers ersparen. Die Prozedur erkundet (detect) selbst, welche Grafikkarte in unserem Computer eingebaut ist und trifft die notwendigen vom Hersteller geforderten Startvorbereitungen.

Die zweite Prozedur *GRAFIKAUS* wird in Zeile 21 vom Hauptprogramm aufgerufen. Sie ist in Zeile 9 bis 13 aufgelistet und sie sorgt dafür, daß wir die Geister, die wir riefen, wieder loswerden – nicht aber bevor wir unsere Grafik ausreichend genossen haben. Denn die Anweisung *ReadLn* zögert das Zurückschalten in den Textbildschirm so lange hinaus, bis wir irgend eine Eingabe machen oder wenigstens die Return-Taste drücken.

Jede einzelne Anweisung wird wieder mit einem Strichpunkt abgeschlossen. Anweisungsblöcke werden, wie schon gesagt, mit dem Wort *end* abgeschlossen und mit *begin* eingeleitet.

Daran muß man sich gewöhnen. Der Preis für den Gehorsam der Maschine ist, daß wir die Syntaxregeln befolgen, die der Compiler verlangt.

Es sei noch einmal betont, daß die eigentlichen Programmanweisungen im Hauptprogramm Zeile 18 und 19 stehen. Wenn wir andere Pascalanweisungen ausprobieren wollen, brauchen wir nur diese beiden Zeilen im Editor überschreiben, neu compilieren und mit Run neu starten. Probieren Sie einmal die Anweisungen RecTangle und Circle aus!

Zum späteren Ausbau der Prozeduren und zur Ergänzung weiterer Prozeduren wollen wir unser vorläufiges Kontaktprogramm auf Diskette sichern.

1.3 Die Bewahrung des Unterschieds

Erinnern Sie sich an die Arbeitsanweisung von Sol LeWitt: "Nimm einen Füllhalter oder Bleistift/zeichne eine gerade Linie/von beliebiger Länge auf diese Seite".

Verglichen mit dem Kontakt-Programm für den Computer ist das Konzept von Sol LeWitt, weil es menschliches Verstehen voraussetzen darf, wunderbar einfach. Dagegen entspricht die Linie, die durch das komplizierte Kontakt-Programm auf dem Bildschirm entsteht, nicht den Erwartungen des durchschnittlichen Programmbenutzers. Machen Sie eine Probe: Wenn Sie jetzt die Koordinaten im Programm nach Ihrem Belieben ändern, werden Sie wohl nicht vorhersagen können, in welchem Teil der Bildschirmfläche die Linie starten, welche Richtung sie einschlagen und welche ungefähre Länge sie haben wird. Dazu wären Übung und zusätzliche Informationen erforderlich. Einen Teil dieser Mühen wird Ihnen das Prozedurenpaket *STIFT.PRC* (s. S. 20 ff) ersparen. Unter anderem brauchen Sie, wenn Sie die *STIFT*-Prozeduren benutzen, nur eine statt vier Zahlen, um die Länge einer Linie bestimmen zu können.

Ein Unterschied zwischen unseren Erwartungen und dem Bildschirmergebnis soll aber nicht abgeschwächt, sondern eher hervorgekehrt werden: Schon mit bloßem Auge sind an der Linie Schichten und Stufen zu erkennen. Sie ist unleugbar aus einzelnen Pixeln aufgebaut. Ihre Feinstruktur zwingt dazu, an ihren maschinellen Herstellungsprozeß zu denken. Würde man sie unter verschiedene Ausführungen zu Sol LeWitts Arbeitsanweisung mischen, so würde sie sich markant von den Handzeichnungen abheben.

Zur bewußten Bewahrung dieses Unterschieds ist die hier verwendete CGA-Grafik besser geeignet als andere. Das gut sichtbare Bildschirm- bzw. Druckerraster läßt das Mißverständnis, wir wollten lediglich Kopien bzw. perfekte realistische Darstellungen herstellen, gar nicht erst aufkommen. Es betont, daß die Bildschirmgrafiken für uns nur Rückmeldung unserer rationalen Konzepte sind, die auf das (letztlich irrationale) Künstlerische der Gotik bestenfalls vorbereiten können. (9)

1.4 Spezialisierung

Kathedralenbau war die Hochtechnologie des Mittelalters. Technischer Fortschritt zeigte sich hier früher als anderswo. Die Produktionsweise der um 1200 entstandenen gotischen Bauhütte war in vieler Hinsicht fortschrittlicher und spezialisierter als der romanische Baubetrieb:

Materialreduzierung

Durch die Skelettbauweise, d.h. durch eine Bautechnik, die die Materialeigenschaften geschickt ausnutzte, gelang es, die Mauerstärke von 1 Meter auf 15 Zentimeter zu reduzieren. Dadurch waren auch die technischen Voraussetzungen für feingegliederte Maßwerke geschaffen.

Serielle Produktion

Durch Typisierung und Normung der Bauelemente wurde serielle Vorfertigung möglich. Der Einsatz von Kränen und anderen Hebemaschinen breitete sich auf ähnliche Weise aus, wie wir es in den letzten Jahrzehnten auf unseren modernen Baustellen beobachten konnten (10). Die sinnbildlich zu verstehende Skizze stammt von Villard de Honnecourt, einem Architekten des 13. Jahrhunderts. Von ihm wird noch öfter die Rede sein.

Hierarchische Arbeitsorganisation

Im romanischen Baubetrieb konnte im Prinzip noch jeder alles machen – wie in einem Handwerksbetrieb. In der gotischen Bauhütte waren die Tätigkeiten bereits weitgehend spezialisiert. Die Produktion war arbeitsteilig und hierarchisch organisiert – Merkmale, die sich in anderen Produktionszweigen erst Jahrhunderte später durchsetzten, als Manufakturen und Fabriken entstanden.

Der Beruf des Architekten gewann damals sein heutiges Profil. Der Architekt wurde mehr und mehr zum Kopfarbeiter. Noch am Anfang des 13. Jahrhunderts beschwerte sich der Prediger Nicolas de Biard über dessen Rolle im Arbeitsprozeß. Bei den großen Bauwerken habe man sich daran gewöhnt, einen Meister zu sehen, der nur noch Anordnungen gibt. Kaum noch legt er einmal selbst Hand an, und trotzdem erhält er höheren Lohn (11).

Aber diese Beschwerde konnte nicht verhindern, daß das Ansehen der Architekten stetig wuchs. Der auf dieser Seite abgebildete Grabstein des 1263 verstorbenen Architekten Hugues Libergier aus Reims bezeugt das: Der Architekt trägt zu seiner vornehmen Kleidung einen Gelehrtenhut. Das Modell einer Kirche in seinen behandschuhten Händen erinnert deutlich an Bildnisse von meist königlichen Stiftern. (12)

1.4.1 *STIFT.PRC*, ein spezielles Prozedurenpaket für Maßwerkfiligran

Das auf der folgenden Seite vorgestellte Prozedurenpaket *STIFT.PRC* wird unser Handwerkszeug für die Ornamentgestaltung dieses Buches sein. Es ist ratsam, das Werkzeug zunächst zu übernehmen, d.h. abzutippen und auszuprobieren. Tieferes Verständnis dafür sollte erst zu einem späteren Zeitpunkt angestrebt werden. (Selbst die nun folgenden Vorbemerkungen können überschlagen werden.)

STIFT.PRC ersetzt die Turtlegrafik des Pakets *GRAPH.P*, die noch bis zur Turbo Pascal Version 3.0 selbstverständlicher Bestandteil des Programmiersystems war. Seit dem Erscheinen der Turbo Pascal Version 4.0 ist die Turtlegrafik *GRAPH.P* in den Hintergrund getreten. Sie ließ nämlich in ihrer Paßgenauigkeit zu wünschen übrig, weil sie nur mit *integer*-Variablen, d.h. nur mit ganzzahligen Variablen arbeitete. Aneinanderreihung vieler kleiner Grafikelemente mit gebrochenen Maßzahlen bewirkte viele kleine Rundungsfehler, die (besonders bei Rekursionen) zu einem nicht mehr vertretbaren Maß anwachsen konnten. (13)

Unser Prozeduren-Paket zur Steuerung des Cursors *STIFT.PRC* vermeidet solche Ungenauigkeiten durch doppelte Buchführung: Es rechnet mit *real*-Zahlen, d.h. mit dezimal gebrochenen Zahlen und zeichnet mit *integer*-Zahlen, d.h. mit Ganzzahlen. Programme, die mit dem Paket *STIFT.PRC* arbeiten, behalten die Syntax der universal verwendbaren Programmiersprache Turbo Pascal 4.0 (bzw. 5.0) bei und sind trotzdem so praxisnah, anschaulich und paßgenau wie z.B. Logo-Programme:

Die Schaltanweisungen der Spracherweiterung sind im wesentlichen schon aus den vorausgehenden allgemeinen Musterprogrammen bekannt. Die Positionsanweisungen sind so in anderen Prozeduren untergebracht, daß wir uns um das auf dem Kopf stehende Koordinatensystem von Turbo Pascal nicht mehr kümmern müssen. Am häufigsten werden die beiden unmittelbar verständlichen Bewegungsanweisungen *VORWAERTS* und *RUECKWAERTS* und die beiden Drehanweisungen *RECHTS* und *LINKS* Verwendung finden. Die Peilanweisung wird erst im zweiten Teil des Buches benutzt werden.

```
        (*Paket: STIFT.PRC*)
var     Grafiktreiber,Grafikmodus   :integer;
        XKO,YKO,Xmitte,Ymitte       :real;
        KURS,Kurs_bog,Peilwinkel    :real;
        Korrektur                   :real;
        Xaspect,Yaspekt             :word;
        Stiftzustand                :string;
procedure STIFTHOCH;
begin

Stiftzustand:='hoch';
end;

procedure STIFTAB;
begin
   Stiftzustand:='ab';
end;

procedure AUFXY(Xziel,Yziel:real);
begin
   if Stiftzustand = 'ab'
         then LineTo(round(Xziel),round(Yziel))
         else MoveTo(round(Xziel),round(Yziel));
   XKO:=Xziel;
   YKO:=Yziel;
end;

procedure AUFKURS(Winkel:real);
begin
   KURS     :=Winkel-int(Winkel/360)*360;
   Kurs_bog:=KURS*2*Pi/360;
end;
```

1.4 Spezialisierung

```
procedure MITTE;
begin
   AUFKURS(0);
   Xmitte:=GetMaxX/2;
   Ymitte:=GetMaxY/2;
   AUFXY(Xmitte,Ymitte);
end;

procedure GRAFIKEIN;
begin
   Grafiktreiber:=Detect;
   InitGraph(Grafiktreiber,Grafikmodus, '');
   Getaspectratio(Xaspekt,Yaspekt);
   Korrektur:=Xaspekt/Yaspekt;
   STIFTHOCH; MITTE; STIFTAB;
end;

procedure GRAFIKAUS;
begin
   ReadLn;
   CloseGraph;
end;

procedure RECHTS(Winkel:real);
begin
   KURS:=KURS+Winkel;
   AUFKURS(KURS);
end;

procedure LINKS (Winkel:real);
begin
   RECHTS (-Winkel);
end;

procedure VORWAERTS(Laenge:real);
begin
   XKO:=XKO+Laenge*sin(Kurs_bog);
   YKO:=YKO-Laenge*cos(Kurs_bog)*Korrektur;
   AUFXY(XKO,YKO);
end;

procedure RUECKWAERTS(Laenge:real);
begin
   VORWAERTS(-Laenge);
end;
```

1. Linienzüge

```
procedure PEILE(Xziel,Yziel:real);
var Peilwinkel_bog:real;
begin
   Peilwinkel_bog  :=ArcTan((Xziel-XKO)/(Yziel-YKO));
   Peilwinkel      :=Abs(Peilwinkel_bog*360/(2*Pi));
end;
```

1.4.2 Erläuterungen zum Paket *STIFT.PRC*

Grundentscheidungen:

STIFTHOCH;	Der Cursorstift soll von hier und jetzt an keine Spur mehr hinterlassen.
STIFTAB;	Der Cursor soll von hier und jetzt an wieder eine Spur ziehen.

Positionsanweisungen:

AUFXY (Xziel,Yziel:real);	Der Cursor soll sich zu dem Punkt mit den Koordinaten Xziel und Yziel begeben.
AUFKURS (Winkel:real);	Der eingegebene Winkel soll als *KURS* gespeichert werden.
MITTE;	Der Cursor soll Position in der Mitte des Bildschirmes beziehen und den *KURS* 0 Grad, d.h. Norden speichern.

Schaltanweisungen:

GRAFIKEIN;	Die Grafikhardware soll für den Start eingeschaltet werden, und der Grafikcursor soll, ohne eine Spur zu hinterlassen, in die Startposition *MITTE* gebracht werden.
GRAFIKAUS;	Grafik ausschalten.

Aktionsanweisungen:
Fortbewegung:

VORWAERTS (Länge:real); RUECKWAERTS (Länge:real);	Der Cursor soll sich um die eingegebene Streckenlänge im momentan gespeicherten *KURS* fortbewegen und je nachdem, welche Grundentscheidung (s.o.) getroffen ist, eine Spur hinterlassen oder nicht.

Drehung:
RECHTS
(Winkel:real);
LINKS
(Winkel:real);

Der Cursor soll den gespeicherten Kurs um den angegebenen Winkel verändern.

Peilanweisung:
PEILE
(Xziel,Xziel);

Es soll der Peilwinkel festgelegt werden. Er gibt an, um wieviel Grad die Verbindungslinie zwischen der momentanen Cursorposition und dem eingegebenen Zielpunkt von der Nord-Südrichtung abweicht.

Das Prozedurenpaket *STIFT.PRC* hat einen eigenen Vereinbarungsteil. Dort ist der Typ jeder vorkommenden globalen Variablen vereinbart. Globale Variablen sind vom ganzen Programm benutzbare Variablen. Lokale Variablen werden lokal vereinbart, d.h. in der Prozedur, in der sie auch benutzt werden. Über diese Prozedur hinaus haben sie keine Bedeutung. Deshalb können sie im übrigen Programm auch keine Verwechslungsfehler anrichten. Eine solche lokale Variable ist z.B. die Variable *Peilwinkel_bog* in der Prozedur *PEILE*. Ferner ist in vielen Prozeduren dieser Arbeit die Variable *Zähler* als lokale Variable immer wieder neu vereinbart und benutzt.

Neben dem Variablentyp *integer* gibt es in diesem Vereinbarungsteil auch den Variablentyp *word* (=ganzzahlig und positiv), *real* (= dezimal) und *string*. String-Variablen sind vorwiegend für Buchstabenketten vorgesehen (hier z.B. für die Wörter *auf* oder *ab*).

1.4.3 Treppengiebel und Zinnen

Seit die Handwerker und Bauern sich im 13. Jahrhundert aus dem Frondienst des Burgherrn lösten und in die Stadt zogen, nannten sie sich selbstbewußt nach ihrer Herkunft von Burgen Bürger. Auch manche ihrer Häuser erinnern noch heute an die Burgen ihrer ehemaligen Herren. Zinnen, Treppen- und Staffelgiebel geben ihnen ein wehrhaftes Aussehen. Drei Beispiele stehen für viele: In Siena lassen Zinnen den

Frankfurter Römer

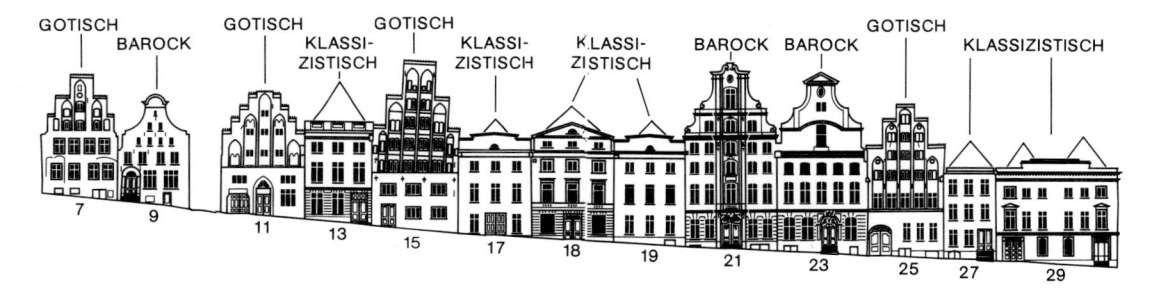

Große Petersgrube in Lübeck

"Palazzo Pubblico" (1297) wie eine uneinnehmbare Burg erscheinen. In der "Großen Petersgrube" in Lübeck besitzen alle gotischen Bürgerhäuser einen Treppengiebel. Und im Zentrum Frankfurts, "Am Römer", beherrschen die Treppengiebel von drei mittelalterlichen Bürgerhäusern die Front des Rathauses.

Im Programm *ZINNEN* sind bereits zehn der zwölf Anweisungen aus dem Prozedurenpaket *STIFT.PRC* verwendet, aber keine von ihnen ist aufgelistet, wie wir das von dem Kontakt-Programm her kennen. Nur der Dateiname *STIFT.PRC* im Vereinbarungsteil des Programms gibt einen Hinweis darauf, daß das Programm mit dem Paket zusammenhängt. Diesen Hinweis versteht ausnahmsweise auch der Compiler (= der Programmübersetzer). In der Regel wird zwar das, was in Kommentarklammern eingeschlossen ist, vom Pascalsystem nicht beachtet. Aber wenn der Inhalt der Klammer mit *$I* beginnt, dann wird er auch vom Compiler gelesen. Er deutet das Wort, das auf *$I* folgt, als Dateiname und schließt die Datei dieses Namens in das gegenwärtige Programm ein. Damit steht *STIFT.PRC* zur Verfügung als stünde es im Moment im Editor.

```
program ZINNEN;
uses Graph;
     (*$I STIFT.PRC*)

procedure ZINNE;
begin
   VORWAERTS   (15);
   RECHTS      (90);
```

1.4 Spezialisierung

```
                    VORWAERTS   (15);
                    RECHTS      (90);
                    VORWAERTS   (15);
                    LINKS       (90);
                    VORWAERTS   (15);
                    LINKS       (90);
                 end;

                 (*Hauptprogramm*)
                 begin
                    GRAFIKEIN;
                    ZINNE;
                    ZINNE;
                    ZINNE;
                    ZINNE;
                    ZINNE;
                    ZINNE;
                    GRAFIKAUS;
                 end.
```

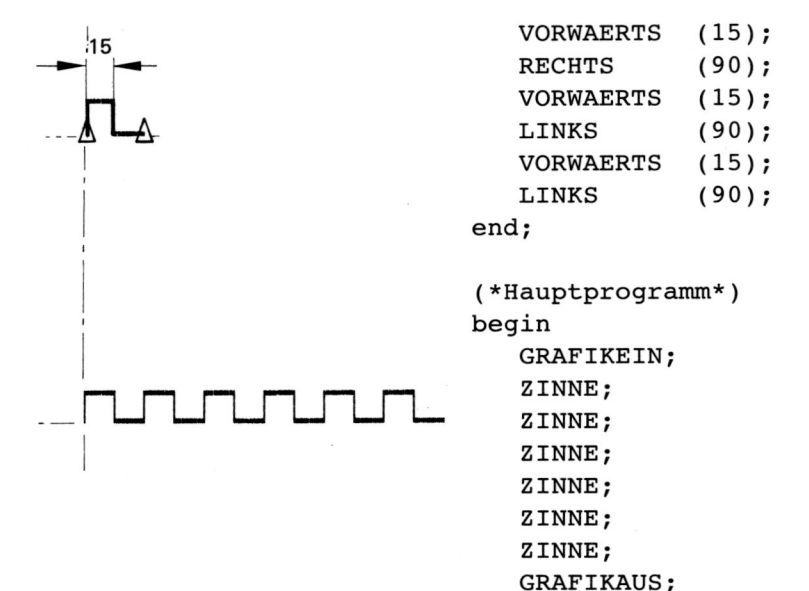

Das Programm *ZINNEN* ist hierarchisch aufgebaut: Das Zeichnen einer Zinne ist nur einmal im Detail erklärt. Das Hauptprogramm ruft danach jeweils nur noch den Namen der untergeordneten Prozedur *ZINNE* auf und veranlaßt sie dadurch, jedesmal ihrer Programmierung gemäß zu arbeiten, das heißt eine neue Zinne zu zeichnen.

Dieses Programm hat einen großen Mangel: Die Prozedur *ZINNE* ist nur für eine ganz bestimmte Zinnenhöhe (15 Einheiten) verwendbar. Wir brauchen aber Prozeduren, die wie die Prozeduren aus unserem Paket *STIFT.PRC* beliebige Werte verarbeiten.

Die Prozedur *STUFE* im Programm *GIEBEL* kann verschiedene Übergabewerte verarbeiten. Dazu enthält bereits die Kopfzeile, quasi als Rucksack, eine Variable samt Typvereinbarung (*Höhe:real*). Durch diese Übergabevariable wird sie bei ihrem Aufruf empfänglich für die Übergabe eines Wertes. In unserem Fall kann also die Stufenhöhe vom Hauptprogramm aus beliebig bestimmt und in die Prozedur übergeben werden.

```
program GIEBEL;
uses Graph;
     (*$I STIFT.PRC*)

procedure STUFE(Hoehe:real);
begin
    VORWAERTS   (Hoehe);
    RECHTS      (90);
    VORWAERTS   (Hoehe);
    LINKS       (90);
end;

(*Hauptprogramm*)
begin
    GRAFIKEIN;
    STUFE(40);
    STUFE(30);
    STUFE(20);
    STUFE(10);
    RECHTS(90);
    STUFE(10);
    STUFE(20);
    STUFE(30);
    STUFE(40);
    GRAFIKAUS;
end.
```

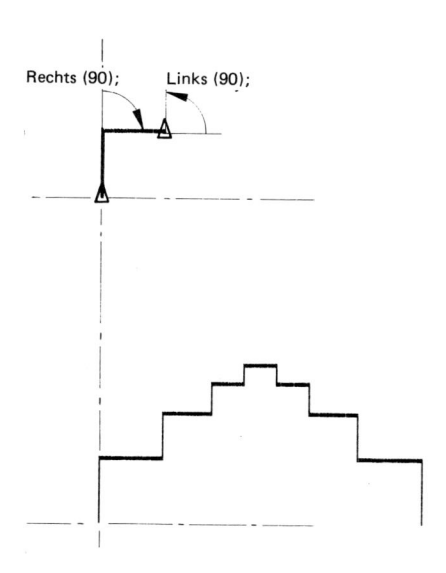

Noch etwas schwerfällig wirkt im Programm *ZINNEN* die ständige Wiederholung des Prozeduraufrufs *ZINNE*. Wir können zu Recht erwarten, daß es eine maschinelle Lösung für dieses Problem gibt. Schließlich ist der Computer eine Maschine, die dazu gebaut ist, uns die geistlosen Arbeiten, auch die stupiden Aufrufarbeiten, abzunehmen.

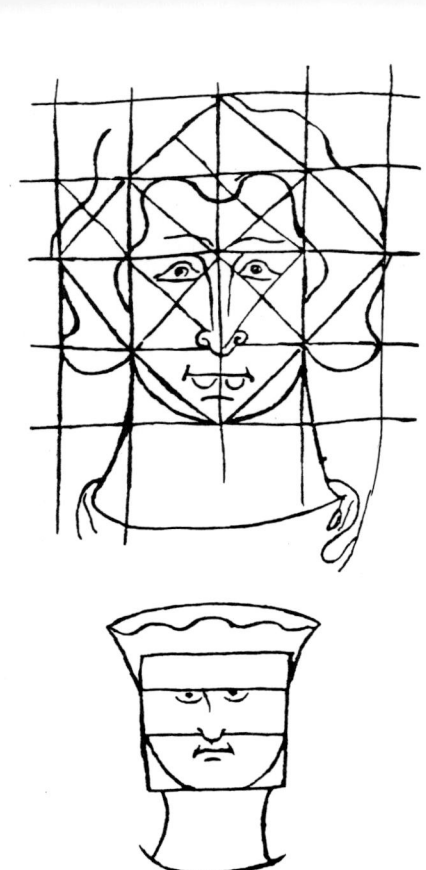

1.5 Geometrische Elementarformen

Das Bauhüttenbuch des Villard de Honnecourt ist das einzige Skizzen- und Lehrbuch eines mittelalterlichen Architekten, das erhalten geblieben ist (14). In seiner Entstehungszeit (zwischen 1230 und 1240) soll es viele solcher Mustersammlungen gegeben haben. Sie wurden für den Gebrauch in der Werkstatt auch als strapazierfähige Täfelchen angelegt und waren gemeinsames Eigentum einer Bauhütte, das auch gemeinsam ergänzt wurde: "Jeder, der einen wichtigen Darstellungstypus für bewahrenswert hielt, konnte das Musterbuch um eine Nachzeichnung nach einem Bild, einer Skulptur und dergleichen erweitern." (15)

Villard de Honnecourt fand die Vorbilder für sein Bauhüttenbuch auf seiner Wanderschaft, die ihn an die großen Baustellen der Gotik führte: nach Chartres, Reims und Amiens. Sein unterwegs angelegtes Musterbuch enthält Baurisse, Bauelemente, Nachzeichnungen von Bauplastiken und es enthält Anleitungen für die Werkleute der Bauhütte, wie man aus geometrischen Elementarformen Figuren entwickeln kann.

1.5.1 Das Grafikelement und die Zählerschleife

Zum Programmieren der geometrischen Elementarformen Quadrat und Rechteck bedarf es keiner Hilfen. Die Programme *GIEBEL* und *ZINNEN* enthalten alles, was dazu notwendig ist. Auch Programme für ein Dreieck, ein Fünfeck, ein Sechseck usw. bedürfen eigentlich keiner zusätzlichen Anleitung. Es ist nur um des Programmierstils und der Rationalisierung willen ratsam, im Anschluß an eigene Programmierversuche die Prozedur *HAKEN_R* auszuprobieren.

Die Prozedur *HAKEN_R* produziert einen (zweiseitigen) Doppelhaken. Der Anweisungsblock ist, wie sich das für einen Anweisungsblock gehört, mit *begin* und *end;* eingerahmt:

Aufruf z.B. vom Hauptprogramm aus mit *HAKEN_R*(100,120);

```
procedure HAKEN_R(Laenge,Winkel:real);
begin
   RECHTS    (Winkel/2);
   VORWAERTS(Laenge);
   RECHTS    (Winkel/2);
end;
```

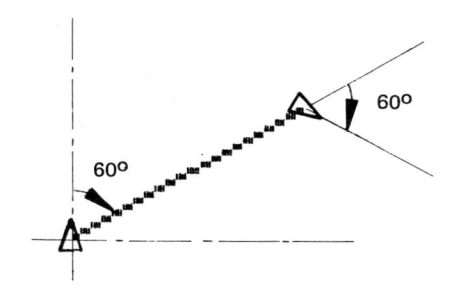

Der Doppelhaken besteht aus einer Strecke mit veränderbarer Länge und einem Drehwinkel, der je zur Hälfte an den beiden Enden der Strecke ausgeführt wird.

Zweiseitig ist der Haken, weil sich dadurch die für uns wichtigsten Formen – die Kreise und Bogen – und überhaupt symmetrische Formen leichter programmieren lassen. Und Symmetrie ist ein ganz wichtiges Gestaltungsprinzip fast jeder Architektur.

Der ganze Drehwinkel des Doppelhakens wird erst sichtbar, wenn mehrere Haken aneinandergereiht werden, so daß ein Streckenzug entsteht. Dann ergänzen sich je zwei aneinanderstoßende Winkelhälften zum vollen Drehwinkel.

Die Aneinanderreihung wird erstmals nicht wie im *GIEBEL*-Programm und im *ZINNEN*-Programm mit wiederholtem Aufruf vom Hauptprogramm aus veranlaßt. Sie wird in der Prozedur selbst, und zwar durch die Pascal-Wiederholungsanweisung *for ... to ... do ...* , mit der lokalen Variablen *Zähler* und der Übergabevariable *Zahl* erledigt.

Die Prozedur erhöht die Zählervariable so lange um 1, bis die übergebene (Abbruchs-)Zahl erreicht ist. Bei jedem Durchlauf führt die Prozedur die Anweisung bzw. den Anweisungsblock durch, der auf *do* folgt. Sie zeichnet also jedesmal den Doppelhaken: Aufruf z.B. vom Hauptprogramm aus mit *ZUG_R(4,50,45);*

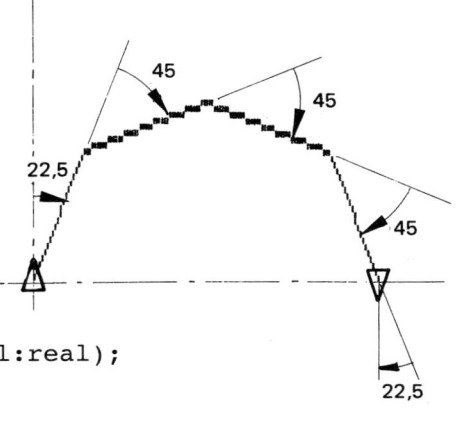

```
procedure ZUG_R(Zahl:integer;Laenge,Winkel:real);
var Zaehler:integer;
begin
   for Zaehle r:=1 to Zahl do HAKEN_R(Laenge,Winkel);
end;
```

1.5 Geometrische Elementarformen

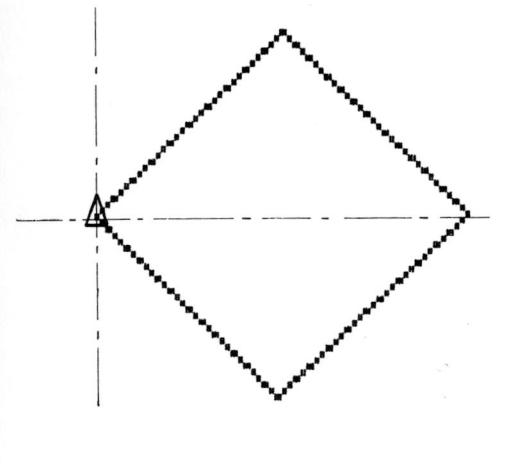

Es lohnt sich, vor Ausführung jeder Prozedur Überlegungen anzustellen, welche Zeichnung bei diesen Eingabewerten zu erwarten ist. Wer bereits Prozeduren für die oben genannten Vielecke selbständig geschrieben hat, weiß, warum sich dieser Linienzug nicht schließt. Um geschlossene Formen herzustellen, müssen wir andere Winkelwerte verwenden.

1.5.2 Regelmäßige Vielecke

Manche Rosenfenster der Gotik sind von einem quadratischen Rahmen eingefaßt. Dazu dient die Prozedur *QUADRAT*. Man kann sie z.B. vom Hauptprogramm mit *QUADRAT* (100) aufrufen und erhält die nebenstehende Abbildung.

```
procedure QUADRAT(Seite:real);
begin
    ZUG_R(4,Seite,90);
end;
```

Das regelmäßige Vieleck mit der kleinsten Eckenzahl ist das regelmäßige Dreieck. Meistens wird sein Drehwinkel an den Ecken mit dem Innenwinkel verwechselt. Aufruf z.B. mit *DREIECK*(100);

```
procedure DREIECK(Seite:real);
begin
    ZUG_R(3,SEITE,120);
end;
```

Entwerfe nach diesen beiden Mustern Prozeduren für regelmäßige 5-, 6-, 8-, 10-, 36- und 360-Ecke!

All diese Vieleckprozeduren lassen sich zu der Prozedur *VIELECK* verallgemeinern. Sie verlangt zwei Eingaben: (Ecken-)Zahl und (Seiten-)Länge. Den (Dreh-) *Winkel* berechnet sie selbst. Aufruf z.B. mit *VIELECK*(8,50);

```
procedure VIELECK(Zahl:integer;Seite:real);
begin
    ZUG_R(Zahl,Seite,360/Zahl);
end;
```

Mit der Prozedur *VIELECK* als Unterprozedur können die Prozeduren *DREIECK*, *QUADRAT* und die anderen oben genannten Vieleckprozeduren neu dargestellt werden. Aufruf z.B. mit *SECHSECK*(50);

```
procedure SECHSECK(Seite:real);
begin
    VIELECK(6,Seite);
end;
```

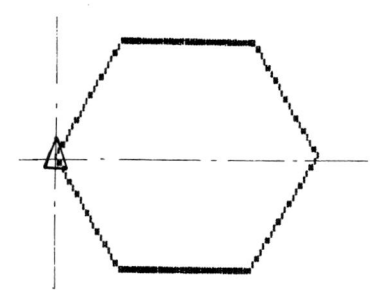

1.5.3 Ein "rundes" Vieleck

Bei wachsender Eckenzahl werden die Ecken immer weniger markant, und die Figur ähnelt immer mehr einem Kreis. Ja, man kann sagen: Bereits ein 36-Eck ist kaum von einem Kreis zu unterscheiden! Es soll deswegen *KREISECK* heißen. Aufruf z.B. mit KREISECK(10);

```
procedure KREISECK(Seite:real);
begin
    ZUG_R(36,Seite,10);
end;
```

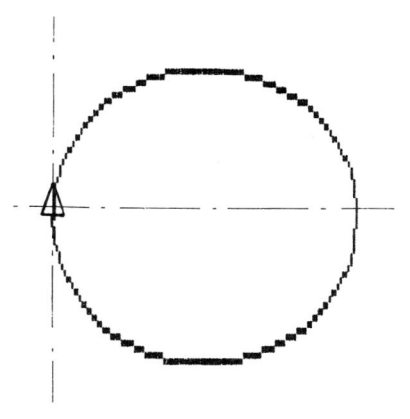

1.5.4 Sterne

Mit der Prozedur *ZUG* lassen sich auch die Sterne zeichnen, die Honnecourt in seinem Bauhüttenbuch vorgibt. (16) Es ist allerdings darauf zu achten, daß die Figur sich nur dann schließt, wenn die Summe der Drehwinkel ein Vielfaches von 360 ist:

Mit Ausnahme des *FUENFSTERNS* und des *DREISSIGSTERNS* werden alle Vieleckprozeduren dieses Kapitels später wieder verwendet. Deshalb ist es ratsam, eine neue Datei anzulegen, die solche Prozeduren aufnimmt. Ich habe ihr den Namen "RAD.PRC" gegeben. Im Vereinbarungsteil von *RAD.PRC* wird *STIFT.PRC* (als Include-Datei) eingeschlossen. Sie muß deshalb nicht mehr eigens genannt werden. Die Drehungen im Hauptprogramm von *VIELECKE* sorgen dafür, daß alle Elementarfiguren Platz finden.

1.5 Geometrische Elementarformen

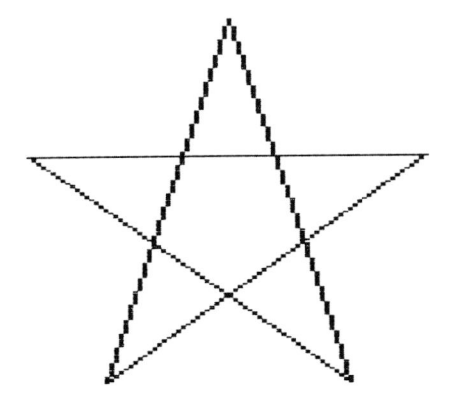

```
program VIELECKE;
uses
  Graph;
  (*$I RAD.PRC*)

procedure FUENFSTERN(Seite:real);
begin
    ZUG_R(5,Seite,360*2/5);
end;

procedure DREISSIGSTERN(Seite:real);
begin
    ZUG_R(30,Seite,360*13/30);
end;

(*Hauptprogramm*)
begin
    GRAFIKEIN;
    SECHSECK(100);          RECHTS (90);
    QUADRAT(100);           RECHTS (90);
    DREIECK(150);           RECHTS (90);
    KREISECK(1.5);          RECHTS (90);
    FUENFSTERN(100);        RECHTS(180);
    DREISSIGSTERN(40);
    GRAFIKAUS;
end.
```

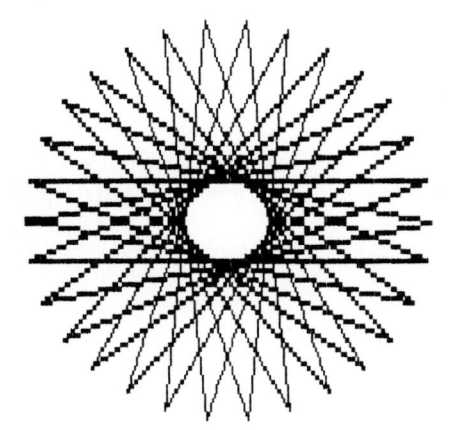

1.6 Reproduktionsmethoden

Zum Vervielfachen von Teilzeichnungen stehen uns verschiedene Reproduktionsmethoden zur Verfügung. Sie ermöglichen es, mit dem gleichen Motiv (hier mit dem *SECHSECK*) viele verschiedene Bilder herzustellen.

1.6.1 Drehung

Bereits im Programm *VIELECKE* haben wir den Cursor jeweils vor seinem Start gedreht, damit die Bildschirmfläche besser ausgenutzt wird. Jetzt stellen wir auf diese Weise neue drehsymmetrische Figuren her.

```
procedure DREHSECHSECK(Zahl:integer;Seite:real);
var Zaehler:integer;
begin
   for Zaehler := 1 to Zahl do
       begin
          SECHSECK(Seite);
          RECHTS (360/Zahl);
       end;
end;
```

1.6.2 Verschiebung mit Schubprozeduren

Parallelverschiebung geht mit den folgenden Schubprozeduren leichter. Da sie häufiger gebraucht werden, rate ich, sie zusammen mit den Vieleckprozeduren in das Prozedurenpaket *RAD.PRC* aufzunehmen.
Der Endbuchstabe bedeutet:
V = Vorwärts
Z = Zurück
R = Rechts
L = Links

```
procedure SCHUB_V(Laenge:real);
begin
  STIFTHOCH; VORWAERTS(Laenge); STIFTAB;
end;

procedure SCHUB_Z(Laenge:real);
begin
  STIFTHOCH; RUECKWAERTS(Laenge); STIFTAB;
end;

procedure SCHUB_R(Laenge:real);
begin
  STIFTHOCH; RECHTS(90); VORWAERTS(Laenge); LINKS(90); STIFTAB;
end;

procedure SCHUB_L(Laenge:real);
begin
  STIFTHOCH; LINKS(90); VORWAERTS(Laenge); RECHTS(90); STIFTAB;
end;
```

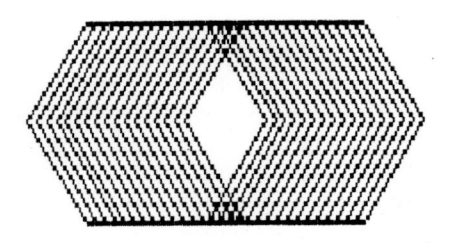

Die Verschiebungsprozeduren *SCHUB_V* und *SCHUB_Z* unterscheiden sich nur dadurch von den Prozeduren *VORWAERTS* und *RUECKWAERTS*, daß sie keine Spur hinterlassen. Aber die Prozeduren *SCHUB_R* und *SCHUB_L* ersparen bereits viele Anweisungen. Mit ihrer Hilfe läßt sich die Prozedur *SCHUBSECHSECK* übersichtlich darstellen.

```
procedure SCHUBSECHSECK(Zahl:integer;Seite,Schub:real);
var Zaehler:integer;
begin
    for Zaehler := 1 to Zahl do
        begin
            SECHSECK(Seite);
            SCHUB_R(Schub);
        end;
end;
```

1.6.3 Vergrößerung mit Rekursion und Verzweigung

Es ist sicher bereits klar, daß durch Veränderung der Eingabe- bzw. Übergabewerte bei allen bisherigen Prozeduren Vergrößerungen oder Verkleinerungen, also ähnliche Reproduktionen entstehen.

Eine stetige Vergrößerung ist zu erreichen, wenn eine Prozedur sich mit vergrößerter Seitenlänge selbst aufruft. Eine solche sich selbst aufrufende Prozedur nennt man Rekursion.

Damit die Prozedur auch wieder aufhört, sich selbst aufzurufen, müssen wir ihr eine Grenze setzen. Das ist mit der Verzweigungsanweisung *if ... then ... else ...* möglich:

Die Seite sei bei Prozedurstart 10 Einheiten groß. Wenn sie größer als der Grenzwert 50 geworden ist, soll die Prozedur abbrechen. Aufruf z.B. mit *MULTISECHSECK(10,60)*;

```
procedure MULTISECHSECK(Seite,Grenze:real);
begin
    if Seite > Grenze then exit
                      else SECHSECK(Seite);
    MULTISECHSECK(Seite*1.1,Grenze);
end;
```

Mit dieser rekursiven Programmierung ersparen wir uns auch nachzurechnen, nach wieviel Schleifen die Seitenlänge auf 50 angewachsen ist. Die Anweisung *exit* bewirkt einen Programmrücksprung zu der aufrufenden Prozedur bzw. zum Hauptprogramm und beendet damit die Serie von Selbstaufrufen.

1.6.4 Achsensymmetrie mit Positionsprozeduren

Zur Demonstration der Achsensymmetrie werden seit jeher Schmetterlinge auf Kleksbildern gesucht. Um Klarheit zu gewinnen, wie Achsenspiegelung in unserem System funktioniert, erfinden Sie am besten selbst eine kleine Prozedur für ein Motiv, das Sie dann symmetrisch reproduzieren können. Lassen Sie darin den Cursor "chaotisch" um viele Ecken gehen.

Die Arbeit an der zweiten achsensymmetrischen Hälfte der Zeichnung bzw. Prozedur wird leichter, wenn Sie beim Schreiben der ersten Hälfte die beiden Positionsprozeduren *MERKE_ORT* und *AUF_ORT* verwenden.

```
Var
   Xa,Ya,KURSa   :real;
   (*$I STIFT.PRC*)

procedure MERKE_ORT;
begin
    Xa:=XKO;
    Ya:=YKO;
    KURSa:=KURS;
end;

procedure AUF_ORT;
begin
    STIFTHOCH;
    AUFXY(Xa,Ya);
    AUFKURS(KURSa);
    STIFTAB;
end;
```

Wird *MERKE_ORT* zu Beginn einer Prozedur aufgerufen, dann merkt sich der Rechner die X-Koordinate, die Y-Koordinate und den Kurs des Cursors, also seine Startposition. Wird dann z.B. nach einem

Anweisungsblock *AUF_ORT* aufgerufen, so kehrt der Cursor zu dieser Startposition zurück, und zwar "auf der Luftlinie". Man braucht für eine spiegelsymmetrische Zeichnung nicht jede Ecke der "chaotischen" ersten Hälfte nach rückwärts verfolgen, bevor man die achsensymmetrische andere Zeichnungshälfte anfügt.

Sind erst einmal die Anweisungen für eine Zeichnungshälfte geschrieben, so entsteht das Spiegelbild dadurch, daß alle Anweisungen mit Drehrichtungsangaben umgekehrt werden:

Aus *RECHTS* wird *LINKS*, aus *SCHUB_R* wird *SCHUB_L* und umgekehrt.

Später, in spiegelbildlichen Bogenprozeduren, werden wir auch die Prozeduren *BOGEN_R* und *BOGEN_L* austauschen müssen.

Mit der Prozedur *GLEICHSCHENKEL* können wir beliebig viele gleiche Schenkel in beliebigen Stellungen zeichnen. Selten wird daraus ein gleichschenkeliges Dreieck. (Dafür müßten wir die passenden Basiswinkel mit mathematischen Formeln oder mit den weiter oben beschriebenen Konstruktionsmethoden ermitteln.) Wenn wir aber diese Prozedur geschickt in eine rekursive Prozedur einbauen und für Vergrößerung (s.o.) sorgen, dann können wir Flügelformen produzieren.

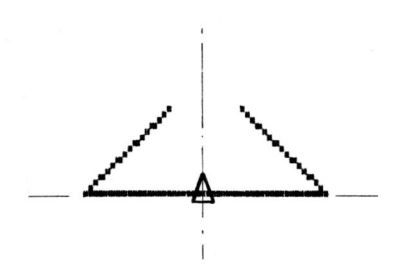

```
procedure   GLEICHSCHENKEL(Grundseite,Schenkel,Basiswinkel:real);
begin
   MERKE_ORT;
   RECHTS(90);            RUECKWAERTS(Grundseite/2);
   LINKS (Basiswinkel);VORWAERTS   (Schenkel);
   AUF_ORT;
   LINKS (90);            RUECKWAERTS(Grundseite/2);
   RECHTS(Basiswinkel);VORWAERTS   (Schenkel);
   AUF_ORT;
end;
```

```
program SPIEGELBILD;
uses Graph;
     (*$I RAD.PRC*)

procedure SPIEGELBILD1(Grundseite,Schenkel,
Basiswinkel:real);
begin
   if Basiswinkel>270
      then exit
      else GLEICHSCHENKEL(Grundseite,Schenkel,Basiswinkel);
   SPIEGELBILD1(Grundseite,Schenkel+4,Basiswinkel+5);
end;

(*Hauptprogramm*)
begin
   GRAFIKEIN;
   SPIEGELBILD1(70,1,0);
   GRAFIKAUS;
end.
```

Die Prozedur *GLEICHSCHENKEL* sollte zusammen mit den Positionsprozeduren und deren Vereinbarungsteil in das neue, jederzeit verfügbare Hilfsprozedurpaket *RAD.PRC* aufgenommen werden.

1.6.5 Die quadratische Tafel von Amiens

In der Vierung der Kathedrale von Amiens (Baubeginn 1220) gibt es auf dem Fußboden eine quadratische Tafel. Sie ist aus Marmorsteinen gepflastert und markiert das architektonische Zentrum des Gebäudes.

Es ist sicher auch für Anfänger möglich, ohne Anleitung einen "Fugenplan" für diese Tafel zu schreiben. Das Programm kann aber sehr umfangreich werden. Durch Anwendung der Reproduktionsmethoden wird es rationeller, aber auch abstrakter: Die Tafel läßt sich in punktsymmetrische Viertel aufteilen. Jedes dieser Viertel ist aus zwei achsensymmetrischen Achteln zusammengesetzt. Als Analogie zur Pflasterung läßt sich allen Teilen ein quadratisches Raster unterlegen, dessen Maß (Plattengröße) 1/19 der Gesamtbreite ist. Achten Sie beim Schreiben der Prozeduren auf die nebenstehende Hierarchie: Jede Prozedur muß vor ihrem Aufruf vereinbart sein!

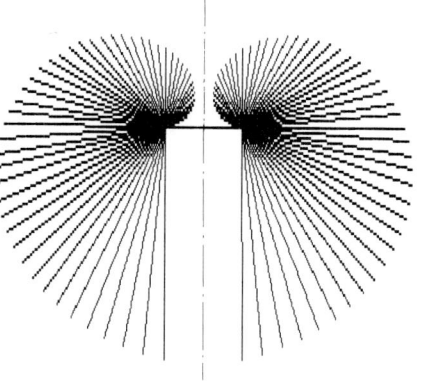

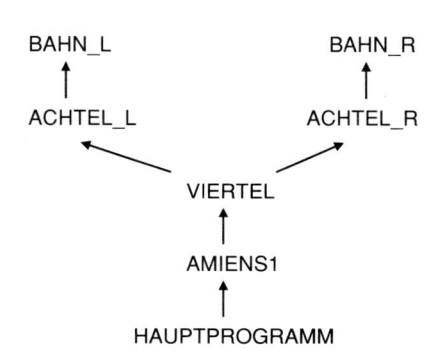

```
BAHN_L              BAHN_R
  ↑                   ↑
ACHTEL_L           ACHTEL_R
       ↖         ↗
        VIERTEL
           ↑
        AMIENS1
           ↑
      HAUPTPROGRAMM
```

1.6 Reproduktionsmethoden

```
program AMIENS;
uses
   Graph;
   (*$I RAD.PRC*)
   .
   .
   .
procedure AMIENS1(Mass:real);
Var Zaehler:integer;
begin
   for Zaehler:=1 to 4 do
   begin
      VIERTEL(Mass);
      RECHTS(90);
   end;
end;
(*Hauptprogramm*)
begin
   GRAFIKEIN;
   AMIENS1(15);
   GRAFIKAUS;
end.

procedure VIERTEL(Mass:real);
begin
   ACHTEL_R(Mass);
   ACHTEL_L(Mass);
end;
```

Aus den Achteln habe ich ein Motiv herausgelöst, das viermal vorkommt, nur jeweils um eine Maßlänge verkürzt. Es besteht aus einem Strich und einem *L*, die parallel nebeneinander stehen. Ich habe dieses Motiv *BAHN_R* genannt. Aufruf z.B. *BAHN_R(15,3);* BAHN_L(15,3);

```
procedure BAHN_R(Mass:real;Zahl:integer);
  begin
     VORWAERTS   (Mass*Zahl);
     RUECKWAERTS(Mass*Zahl);          SCHUB_R    (Mass);
     VORWAERTS   (Mass*(Zahl-1));
     RUECKWAERTS(Mass*(Zahl-1));
     RECHTS      (90);                VORWAERTS  (Mass);
     LINKS       (90);
  end;

procedure BAHN_L(Mass:real;Zahl:integer);
  begin
     VORWAERTS   (Mass*Zahl);
     RUECKWAERTS(Mass*Zahl);          SCHUB_L    (Mass);
     VORWAERTS   (Mass*(Zahl-1));
     RUECKWAERTS(Mass*(Zahl-1));
     LINKS       (90);                VORWAERTS  (Mass);
     RECHTS      (90);
  end;
```

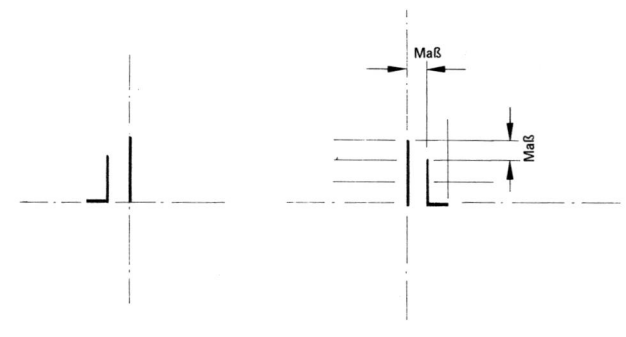

Die Prozeduren *ACHTEL_R* und *ACHTEL_L* gehen durch Kopie auseinander hervor. Es müssen nur *BAHN_R* mit *BAHN_L* überschrieben und alle Befehle mit Richtungsangaben umgekehrt werden. Aufruf z.B. *ACHTEL_R(15);* bzw. *ACHTEL_L(15);*

1.6 Reproduktionsmethoden

```
procedure ACHTEL_R(Mass:real);
begin
    MERKE_ORT;                  SCHUB_R (Mass/2);   SCHUB_V (Mass*2.5);
    VORWAERTS(Mass*7);          RECHTS   (90);
    VORWAERTS(Mass);
    BAHN_R      (Mass,8);
    BAHN_R      (Mass,6);
    BAHN_R      (Mass,4);
    VORWAERTS(Mass*2);          SCHUB_Z (Mass*3);   SCHUB_R (Mass);
    BAHN_R      (Mass,2);
    AUF_ORT;
end;

procedure ACHTEL_L(Mass:real);
begin
    MERKE_ORT;                  SCHUB_L (Mass/2);   SCHUB_V (Mass*2.5);
    VORWAERTS(Mass*7);          LINKS    (90);
    VORWAERTS(Mass);
    BAHN_L      (Mass,8);
    BAHN_L      (Mass,6);
    BAHN_L      (Mass,4);
    VORWAERTS(Mass*2);          SCHUB_Z (Mass*3);   SCHUB_L (Mass);
    BAHN_L      (Mass,2);
    AUF_ORT;
end;
```

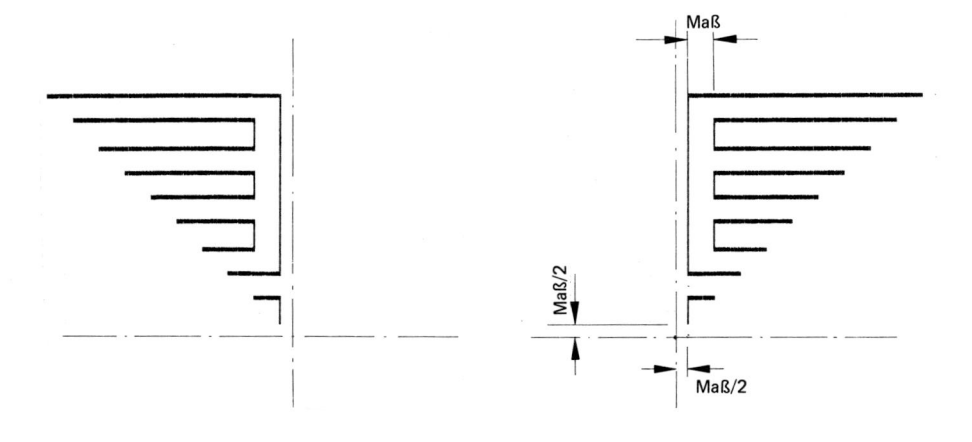

1. Linienzüge

2. Das Rad

Das Rad ist Flaggsymbol des heutigen Indien und Hauptsymbol des Buddhismus. Seine Bestimmung, "die unendliche Bewegung um einen Mittelpunkt", symbolisierte den Menschen des Mittelalters "Unendlichkeit und Ewigkeit, die Aufhebung des starr machenden Todes" (17).

Der das Rad umschließende Kreis bezeichnete auch schon in der Spätantike die "kristallenen Sphären des Weltalls".

Die strahlenförmige Anordnung der Speichen erinnert an die Sonnensymbolik der Ägypter. Sie wird in der Gotik von neuplatonischer Lichtmethaphysik überhöht, die in dem Satz gipfelt: "Gott ist Licht."

2.1 Zentrierung und Schnittstellenvereinbarungen

Wir werden jetzt mehr und mehr Prozeduren für Einzelformen und Teilzeichnungen entwickeln und diese zu größeren oder differenzierteren Formen zusammenfügen. Dabei entstehen viele Schnittstellen zwischen Prozeduren und zwischen den von ihnen produzierten Teilzeichnungen.

An Prozedurschnittstellen werden Informationen übergeben. Zum Beispiel wird beim Aufruf der Prozedur *SECHSECK* als Schnittstelleninformation der Wert für die Seitenlänge des Sechsecks übergeben.

Auch die Position des Cursors auf dem Bildschirm und vor allem sein Kurs unmittelbar vor dem Aufruf sind Schnittstelleninformationen. Sie werden zwar stillschweigend übergeben, sind aber deshalb nicht minder wichtig.

Unnötige Anpassungsschwierigkeiten würden entstehen, wenn der Cursor seine Teilzeichnungen einmal wie beim *SECHSECK* rechts vom Startpunkt, ein andermal links vom Startpunkt und ein drittes Mal oberhalb des Startpunktes anlegen würde. Solche Unregelmäßigkeiten müßten durch komplizierte Anpassungsmanöver zwischen den Teilzeichnungen ausgeglichen werden.

Da die meisten Bauwerke und Architekturformen bis in unsere Zeit hinein symmetrisch aufgebaut sind, ist das Drehzentrum der Zeichnung bzw. der Mittelpunkt ihrer Standlinie ein bevorzugter Punkt und deshalb als Start- und Zielpunkt für den Cursor besonders geeignet.

Wir vereinbaren deshalb:

I. Der Cursor soll die Teilzeichnung an dem Ort beenden, von dem er ausgegangen ist, d.h. am Startpunkt. Er soll dann auch den gleichen Kurs haben wie beim Start.

II. Wo immer möglich, soll der Cursor seine Teilzeichnung um den Startpunkt herum anlegen:

a) Hat die Teilzeichnung eine waagrechte Symmetrieachse oder eine waagrechte Standlinie, dann soll diese wie eine Start- bzw. Ziellinie quer zu seinem Kurs stehen.

b) Hat die Teilzeichnung (auch) eine senkrechte Symmetrieachse, dann soll diese dem Kurs des Cursors beim Start und am Ziel entsprechen.

Zu a) Cursor und Standlinie bzw. Querachse der Teilzeichnung:

Weil unser Bauelement ein Doppelhaken ist, sind fast alle bisherigen Figuren zur Querachse symmetrisch. Auch das Dreieck bildet keine Ausnahme. Aber durch Drehung des Cursors um 30 Grad jeweils unmittelbar nach dem Start der Prozedur und unmittelbar vor ihrem Ende wird eine Seite des Dreiecks zur waagrechten Standlinie. Die Figur kann jetzt als Dachform gelesen werden und erfüllt immer noch die Schnittstellenvereinbarung. (Wir gehen in den folgenden Beispielen davon aus, daß der Cursor beim Start sich in der Position *MITTE* befindet.) Z.B.: *DACH(100);*

```
procedure DACH(Seite:real);
begin
    LINKS  (30);
    DREIECK(Seite);
    RECHTS (30);
end;
```

42   2. Das Rad

zu b) Cursor und Längsachse der Teilzeichnung:

Mit Hilfe der Verschiebungsprozeduren lassen sich unsere bisherigen Vieleckprozeduren so erweitern, daß die Start- und Zielposition des Cursors im Zentrum der Figur liegt. Darüberhinaus kann in die Prozedur *KREIS* jetzt der Radius eingegeben werden; denn die Prozedur berechnet in der 4. Zeile einen guten Näherungswert für die Seite des 36-Ecks mit der bekannten Kreisformel U = 2 × r π.

Beim Zentrieren des *QUADRATS* soll es gleichzeitig aus seiner labilen Lage befreit werden. Aufruf z.B. *SECHSECK.M (50); KREIS.M (50); QUADRAT.M (100);*

```
procedure SECHSECK_M(Seite:real);
begin
   SCHUB_L (Seite);
   SECHSECK(Seite);
   SCHUB_R (Seite);
end;


procedure KREIS(Radius:real);
begin
   SCHUB_L (Radius);
   KREISECK(Radius*2*Pi/36);
   SCHUB_R (Radius);
end;


procedure QUADRAT_M(Seite:real);
Var Zaehler:integer;
begin
   SCHUB_L(Seite/2);
   for Zaehler:=1 to 4 do
      begin
         VORWAERTS(Seite/2);
         RECHTS    (90);
         VORWAERTS(Seite/2);
      end;
   SCHUB_R(Seite/2);
end;
```

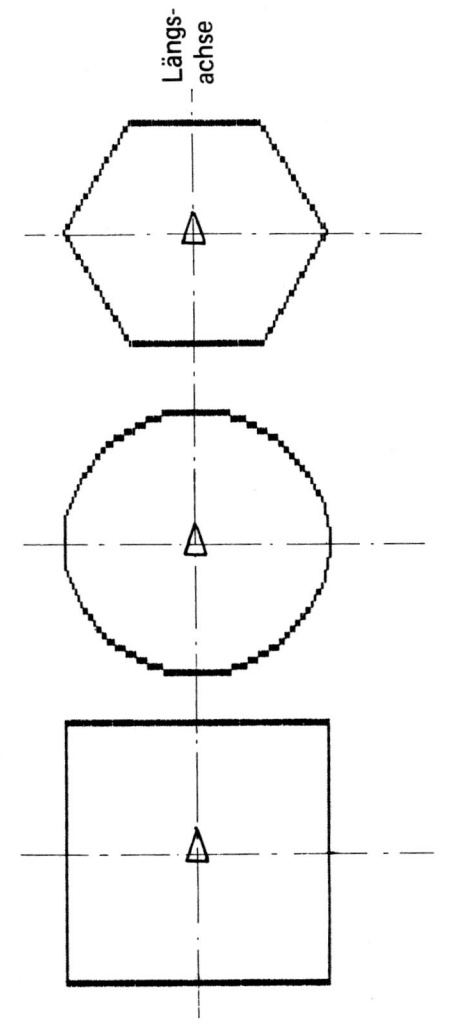

2.1 Zentrierung und Schnittstellenvereinbarungen

Die Genauigkeit der Prozedur *KREIS* läßt sich etwas verbessern, wenn man ein 360-Eck anstatt ein 36-Eck aufruft. Dann dauert es allerdings spürbar länger bis die Figur gezeichnet ist.

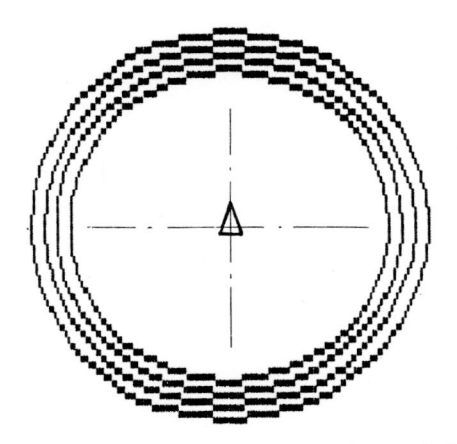

2.2 Reifen für den Okulus

Lange vor der Gotik gab es einfache runde Fenster, die man noch heute Okulus (lat. Auge) nennt. Sie waren oft von Ringen eingefaßt. Wenn wir einen zentrierten Kreis stetig vergrößern, können wir ein solches Rundfenster darstellen.

Die Prozedur *REIFEN* zeichnet in jedem Falle erst einmal eine "Felge", das heißt einen Kreis mit Miniradius. Sie zeichnet also immer einen Kreis mehr als die Zahl angibt. Aufruf z.B.: *REIFEN (3,60,5);*

```
procedure REIFEN(Zahl:integer;Miniradius,Dicke:real);
Var Zaehler:integer;
begin
  for Zaehler:=0 to Zahl do
  begin
     KREIS(Miniradius);
     Miniradius:=Miniradius+Dicke;
  end;
end;
```

Schreiben Sie auch eine *OKULUS*-Prozedur, die, wenn die Reifenzahl, der Minimalradius und der Maximalradius eingegeben wird, die Dicke der einzelnen Reifen selbst errechnet.

Welche Eingaben braucht die Prozedur, wenn eine "Kreisfläche" entstehen soll, d.h. eine Fläche, die ganz mit Linien "bedeckt" ist?

2.3 Ein Lochscheibenfenster wie in Limburg

An der Westfassade des spätromanischen Domes in Limburg gibt es eine Lochscheibenfensterrose aus der ersten Hälfte des 13. Jahrhunderts. Wir sind inzwischen dafür ausgerüstet, dieses Rundfenster darzustellen. Wir müssen nur den Cursor mit den Schubprozeduren in die richtige Position bringen und ihn *REIFEN* zeichnen lassen. Die beim Ausdruck angegebenen Radien sind durch Schätzung entstanden. Jedes Maß ist als Prozentanteil des Radius angegeben.

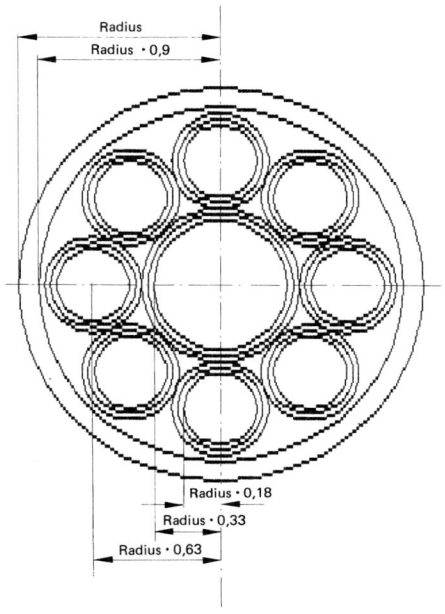

```
program LIMBURG;
uses
   Graph;
   (*$I RAD.PRC*)

procedure LIMBURG1(Radius:real);
Var Zaehler:integer;
begin
   REIFEN(2,Radius*0.33,Radius*0.03);
   for Zaehler := 1 to 8 do
      begin
         SCHUB_V(Radius*0.63);
         REIFEN(2,Radius*0.18,Radius*0.03);
         SCHUB_Z(Radius*0.63);   RECHTS(45);
      end;
   REIFEN(1,Radius*0.9,Radius*0.1);
end;

(*Hauptprogramm*)
begin
   GRAFIKEIN;
   LIMBURG1(150);
   GRAFIKAUS;
end.
```

2.4 Ein Speichenradfenster wie in Otterberg

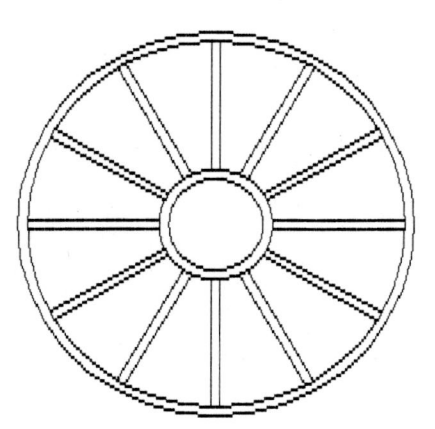

Im Nordquerschiff der spätromanischen ehemaligen Zisterzienserkirche in Otterberg (Pfalz) gibt es ein Speichenradfenster, das um 1200 entstanden ist. Auch dieses ist mit dem bisherigen Rüstzeug darstellbar. Es empfiehlt sich, für das Programm eine Unterprozedur *SPEICHENRAD* und dafür wiederum eine Unterprozedur *SPEICHE* zu schreiben. Beide Unterprozeduren werden später noch öfter verwendet und sollten deshalb nach ihrer Erprobung in das Prozedurenpaket *RAD.PRC* aufgenommen werden.

```
program OTTERBERG;
uses
   Graph;
   (*$I RAD.PRC*)

procedure OTTERBERG1(Zahl:integer;Radius:real);
begin
   REIFEN        (1,Radius,          Radius*0.05);
   SPEICHENRAD(Zahl,Radius,Radius*0.30,Radius*0.05);
   REIFEN        (1,Radius*0.25,     Radius*0.05);
end;

(*Hauptprogramm*)
begin
   GRAFIKEIN;
   OTTERBERG1(12,150);
   GRAFIKAUS;
end.
```

Die Prozedur *SPEICHE* läßt die Radnabe frei und zeichnet von der Mitte des Speichenquerschnittes aus ein Rechteck mit unsichtbaren Schmalseiten. Aufruf z.B. mit *SPEICHE(80,30)*;

```
procedure SPEICHE(Laenge,Dicke:real);
begin
    SCHUB_L(Dicke/2);   VORWAERTS (Laenge);
    SCHUB_R(Dicke);     RUECKWAERTS(Laenge);
    SCHUB_L(Dicke/2);
end;
```

Durch Verschiebung und wiederholte Drehung um 360/Zahl Grad wird aus der *SPEICHE* ein *SPEICHENRAD*. Z.B.: *SPEICHENRAD(8,80,30,6)*;

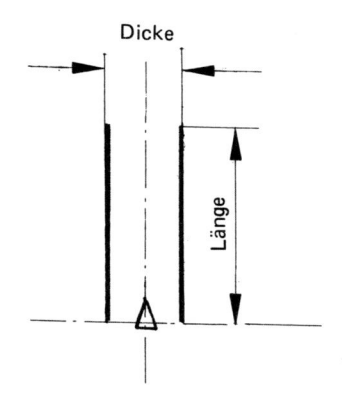

```
procedure SPEICHENRAD(Zahl:integer;Radius,Nabe,Dicke:real);
Var Zaehler:integer;
begin
   for Zaehler:=1 to Zahl do
       begin
           SCHUB_V(Nabe);   SPEICHE(Radius-Nabe,Dicke);
           SCHUB_Z(Nabe);   RECHTS (360/Zahl);
       end;
end;
```

Wenn Sie die Speichen dünn genug wählen, können mit der *SPEICHENRAD*-Prozedur auch Sonnen gezeichnet werden.

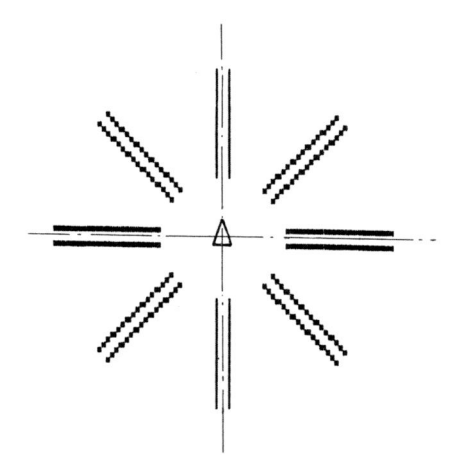

2.4 Ein Speichenradfenster wie in Otterberg

3. Bogen

Die Tempelarchitektur der Ägypter und der Griechen kannte nur die senkrecht stehende Säule und den waagrecht liegenden Steinbalken. Die Römer lernten von den Etruskern die Kunst der Wölbung. Deren Halbkreisbogen drückte aber stark auf die seitlichen Widerlager. Erst durch den gotischen Spitzbogen wurde dieser Druck so vermindert, daß (bei zusätzlicher Abstützung durch Strebebogensysteme) maximale Spannweiten und Raumhöhen überwölbt werden konnten. Damit war eine wichtige Voraussetzung für die Raum- und Lichtfülle der gotischen Kathedrale gegeben.

3.1 Schnelle Bogenprozeduren

Beim Programmieren beachten wir nicht den statischen, sondern nur den grafischen Aspekt der Bogen. Um Bogenformen und Maßwerke frei gestalten zu können, brauchen wir Kreissegmente bzw. Prozeduren dafür, und zwar rechts- und linksdrehende. Sie sollen Kreisbogen mit beliebigen Winkelwerten herstellen. Wir erreichen das, indem wir (wie in der Prozedur *KREISECK* und *KREIS*) durch möglichst viele stumpfe Ecken den Eindruck einer runden Form hervorrufen. Wie in der Prozedur *KREIS* wird die Ausführung schneller, wenn wir mit den Seiten eines 36-Ecks arbeiten. Bei Winkelwerten, die nicht durch zehn teilbar sind, fügen wir für den Restwinkel dann noch entsprechend viele Seiten eines 360-Ecks an.

Zuvor werden in der Prozedur die (nur lokal verwendeten) Variablen deklariert und die Teile für den 36-Eck-Bogen und für den 360-Eck-Restbogen ermittelt. Unter Verwendung der Pascal-Anweisung *div* ermittelt der Term *round(Winkel) div 10* das ganzzahlige (integer-)Ergebnis der Division des Winkelwertes durch 10. Mit der Pascal-Anweisung *mod*, nämlich *round(Winkel) mod 10* finden wir den ganzzahligen Rest der Division des Winkelwertes durch 10.

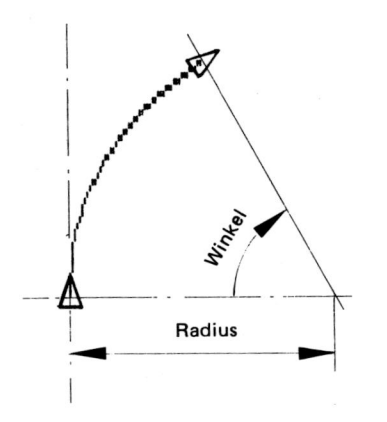

```
procedure BOGEN_R(Winkel,Radius:real);
Var Teile,Rest   :integer;
    Umfang       :real;
begin
    Umfang:=Radius*2*Pi;
    Teile :=round(Winkel) div 10;
    Rest  :=round(Winkel) mod 10;
    ZUG_R(Teile,Umfang/36 ,10);
    ZUG_R(Rest, Umfang/360, 1);
end;
```

Manche Formen (wie z.B. der später beschriebene Nonnenkopf) lassen sich besser aus einer linksdrehenden Bogenprozedur gestalten. Schreiben Sie dafür eine *BOGEN_L*-Prozedur und die dazu nötigen Unterprozeduren *HAKEN_L* und *ZUG_L*.

3.2 Spitzbogen und Kleeblattbogen

Der Spitzbogen gilt als Besonderheit der gotischen Architektur, obwohl er (wie die Kreuzrippe und das Strebewerk) bereits in der romanischen Architektur vorkam. Freilich wurden in der Gotik spitze Bogenformen neben den weiterhin verwendeten runden Bogenformen als Fensterabschlüsse stark bevorzugt. Oft kommen auch beide Bogenformen in einem Maßwerk vor. In jedem Fall setzen sich runde wie spitze Bogenformen aus Kreissegmenten zusammen. Aufruf z.B. *SPITZBOGEN(100);*

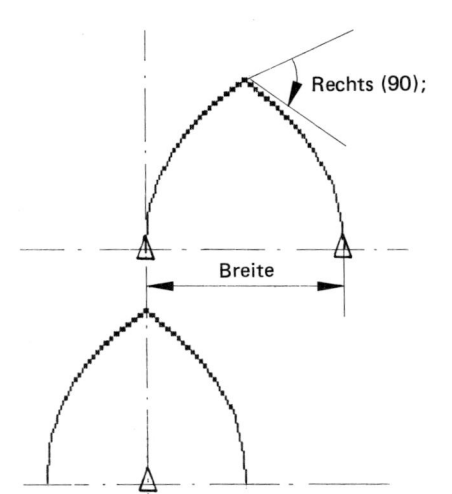

```
procedure SPITZBOGEN1(Breite:real);
begin
   BOGEN_R(60,Breite);    RECHTS(60);
   BOGEN_R(60,Breite);    RECHTS(180);
end;
```

Die *SCHUB*-Prozedur sorgt dafür, daß Start und Ziel des Cursors die Figurmatte ist. Z.B. *SPITZBOGEN(100);*

```
procedure SPITZBOGEN(Breite:real);
begin
   SCHUB_L(Breite/2);   SPITZBOGEN1(Breite);
   SCHUB_L(Breite/2);
end;
```

Es gibt runde und spitze Kleeblattbogen. Spitze sind meist von *Spitzbogen* und runde von *Rundbogen* eingefaßt. Als Prozedurnamen verwende ich *Kleebogen* für die runde und *Blattbogen* für die spitze Form.

Die Prozedur *RUNDBOGEN* ist völlig unproblematisch: z.B. *RUNDBOGEN(100);*

```
procedure RUNDBOGEN(Breite:real);
begin
   SCHUB_L(Breite/2); BOGEN_R(180,Breite/2); RECHTS(180);
   SCHUB_L(Breite/2);
end;
```

Die Prozeduren *KLEE* und *KLEEBOGEN* erklären sich selbst bzw. werden durch die Ausdrucke hinreichend erklärt: z.B. *KLEE(100); KLEEBOGEN (100);*

```
procedure KLEE(Breite:real);
begin
   SCHUB_L(Breite/2);  BOGEN_R (90,Breite/4);
   LINKS   (90);       BOGEN_R(180,Breite/4);
   LINKS   (90);       BOGEN_R (90,Breite/4);
   LINKS   (180);
   SCHUB_L(Breite/2);
end;

procedure KLEEBOGEN(Breite:real);
begin
   KLEE(Breite);
   RUNDBOGEN(Breite);
end;
```

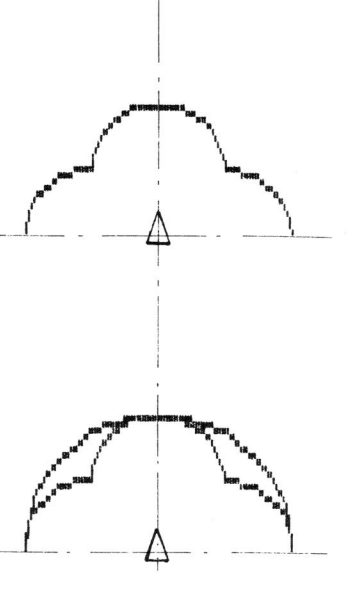

3.2 Spitzbogen und Kleeblattbogen

Die Prozedur *BLATT* ist mit der Prozedur *SCHWINGE* aufgebaut. Die Prozedur *BLATTBOGEN* legt noch einen *SPITZBOGEN* außen herum. Aufruf z.B. mit *SCHWINGE (100); BLATTBOGEN1(100); BLATTBOGEN (100);*

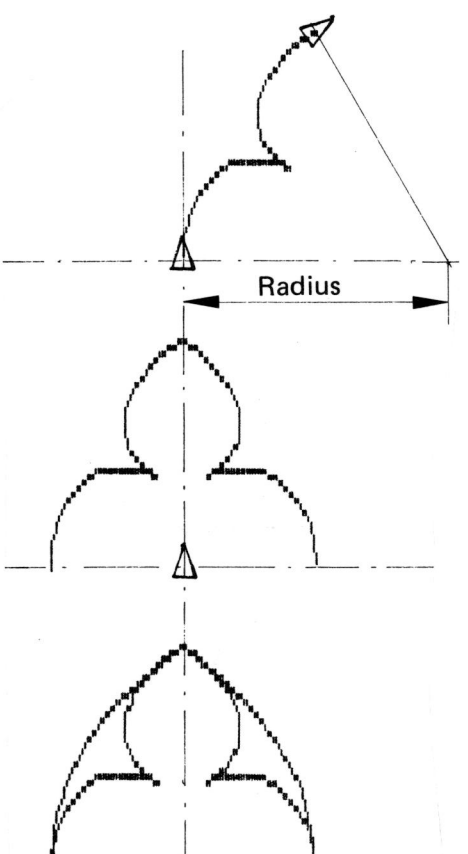

```
procedure SCHWINGE(Radius:real);
begin
   BOGEN_R(30,Radius/2);
   BOGEN_R(90,Radius/4);
   LINKS   (180);
   BOGEN_R(90,Radius/4);
   BOGEN_R(30,Radius/2);
end;

procedure BLATT(Breite:real);
begin
   SCHUB_L (Breite/2);
   SCHWINGE(Breite);
   RECHTS  (60);
   SCHWINGE(Breite);
   LINKS   (180);
   SCHUB_L (Breite/2);
end;

procedure BLATTBOGEN(Breite:real);
begin
   BLATT      (Breite);
   SPITZBOGEN(Breite);
end;
```

Diese Bogenprozeduren sollten Sie in einem Prozedurenpaket mit dem Namen *BOGEN.PRC* bewahren. Auch die anderen noch folgenden Bogen- und Paßprozeduren des ersten Teils dieses Buches (Übersicht dazu siehe Prozedurenhierarchie S. 178f) sollten Sie laufend zur Datei *BOGEN.PRC* ergänzen, damit Sie sie als Include-Datei problemlos in jedes Programm einbeziehen können. *BOGEN.PRC* sollte auch *RAD.PRC* als Include-Datei einschließen, die ihrerseits *STIFT.PRC* einschließt.

3.3 Dreiblatt und Vierblatt

Eine geschlossene Form entsteht, wenn wir in der Prozedur *SPITZBOGEN*1 einen *BOGEN_R* ergänzen. Dann erhalten wir ein sogenanntes "sphärisches Dreieck", ein *BOGENDREIECK*.

```
procedure BOGENDREIECK(Breite:real);
var
   Zaehler: integer;
begin
   SCHUB_L(Breite/2);
   for Zaehler :=1 to 3 do
      begin
         BOGEN_R(60,Breite);
         RECHTS  (60);
      end;
   SCHUB_R(Breite/2);
end;
```

Fügen wir beim *BLATTBOGEN* eine weitere *SCHWINGE* hinzu, so wird daraus ein *DREIBLATT*, eine gern und häufig zusammen mit dem *BOGENDREIECK* verwendete Schmuckform in gotischen Maßwerken.

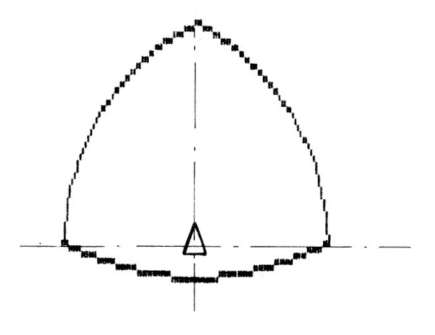

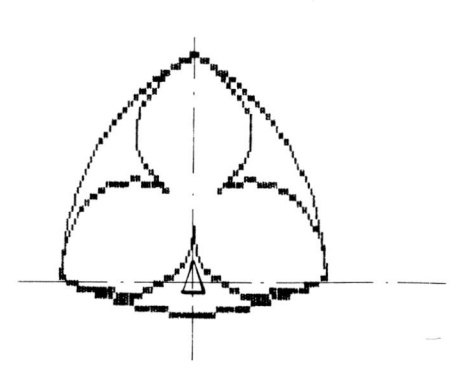

```
procedure DREIBLATT(Breite:real);
var
   Zaehler:integer;
begin
   SCHUB_L(Breite/2);
   for Zaehler:=1 to 3 do
      begin
         SCHWINGE(Breite);
         RECHTS   (60);
      end;
   SCHUB_R     (Breite/2);
   BOGENDREIECK(Breite);
end;
```

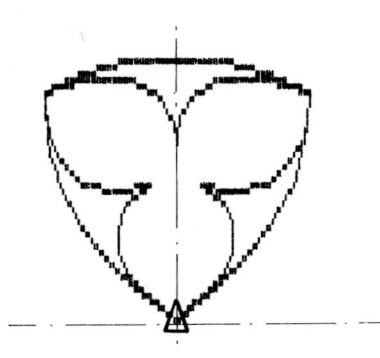

Die Verwendungsmöglichkeit der Prozedur *DREI-BLATT* wird aber vergrößert, wenn wir die Startposition des Cursors auf die Figurecke legen: z.B. *DREIBLATT_ (100);*

```
procedure DREIBLATT_(Breite:real);
begin
    RECHTS    (60);
    SCHUB_L   (Breite/2);
    DREIBLATT(Breite);
    SCHUB_R   (Breite/2);
    LINKS     (60);
end;
```

Im Kreuzgang des Klosters Wimpfen im Tal wechseln Arkaden mit *DREIBLATT* und Arkaden mit *VIERBLATT* einander ab. Ein *VIERBLATT* entsteht durch Aneinanderfügen von Spitzbogen nach jeweiliger Drehung um 90 Grad. Diese Prozedur soll auch schon zentriert werden.

```
procedure VIERBLATT1(Breite:real);
Var Zaehler:integer;
begin
    SCHUB_V(Breite/6); SCHUB_L(Breite/6);
    for Zaehler:=1 to 4 do
        begin
            SPITZBOGEN1(Breite/3); RECHTS(90);
        end;
    SCHUB_Z(Breite/6); SCHUB_R(Breite/6);
end;
```

Breite

Die Prozedur *VIERBLATT*1 wird später noch von einem *VIERBOGEN* eingefaßt.

3.4 Rundfenster wie in Basel und Lajen

Ausschließlich aus Dreiblättern zusammengesetzt und mit *REIFEN* eingefaßt ist eines der Emporenfenster aus der Zeit zwischen 1356 und 1363 im Chorumgang des Baseler Münsters.

```
program BASEL_D;
uses
   Graph;
   (*$I BOGEN.PRC*)

procedure BASEL_D1(Radius:real);
var Zaehler:integer;
begin
   REIFEN (2,Radius,Radius*0.05);RECHTS(30);
   for Zaehler:= 1 to 6 do
   begin
      SCHUB_V (Radius*0.2);   DREIBLATT_(Radius*0.78);
      SCHUB _Z (Radius*0.2); RECHTS(60);
   end;
end;

(*Hauptprogramm*)
begin
   GRAFIKEIN;
   BASEL_D1(100);
   GRAFIKAUS;
end.
```

Die Frauenkirche in Lajen (Südtirol) besitzt ein merkwürdiges aus der Senkrechten und aus der Waagrechten herausschwingendes Rundfenster aus dem Jahre 1482.

Die Hilfsprozedur *SCHWINGKREIS* zeichnet den Umriß, auf dem die Prozedur *LAJEN1* Dreiblätter einzeichnet, die dann von der Hauptprozedur mit *REIFEN* eingefaßt werden. Aufruf z.B. mit *SCHWINGKREIS_(100);*

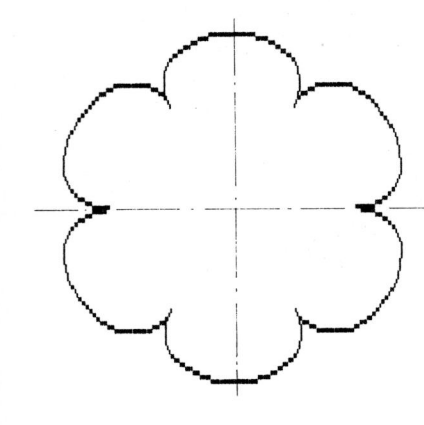

```
program LAJEN;
uses
   Graph;
   (*$I BOGEN.PRC*)

procedure SCHWINGKREIS(Radius:real);
Var Zaehler:integer;
begin
   RECHTS(90); SCHUB_L(Radius);
   for Zaehler:=1 to 6 do
       begin
           SCHWINGE(Radius);
       end;
   SCHUB_R(Radius);   LINKS(90);
end;

procedure LAJEN1(Radius:real);
var Zaehler:integer;
begin
   REIFEN(2,Radius*0.9,Radius*0.1);
   SCHWINGKREIS(Radius*0.9);RECHTS(30);
   for Zaehler:=1 to 3 do
       begin
           DREIBLATT_(Radius*0.9);RECHTS(120);
       end;
end;

(*Hauptprogramm*)
begin
   GRAFIKEIN;
   LAJEN1(100);
   GRAFIKAUS;
end.
```

3. Bogen

3.5 Ein Tympanon wie in Worms durch Rekursion

Mit minimalen Aufwand, nämlich ausschließlich mit einer Bogenprozedur, läßt sich die folgende Grafik erstellen.

```
program WORMS_S;
uses
   Graph;
   (*$I BOGEN.PRC*)

procedure NEST(Radius:real);
begin
    if Radius < 30 then exit
    else begin
            BOGEN_R(60,Radius); RECHTS(60);
               NEST(Radius/2);
            BOGEN_R(60,Radius); RECHTS(60);
               NEST(Radius/2);
            BOGEN_R(60,Radius); RECHTS(60);
               NEST(Radius/2);
        end;
end;

(*Hauptprogramm*)
begin
   GRAFIKEIN;
   SCHUB_Z(150);SCHUB_L(150);
   NEST(400);
   GRAFIKAUS;
end.
```

Was diese Prozeduren auf dem Bildschirm zaubern, ist nicht nur eine Nachahmung eines gotischen Vorbildes. Das Spiel mit Bogen hat sich verselbständigt. Was anfangs noch wie ein Zufallsprodukt, bestenfalls wie ein demolierter Bischofsstab aussieht, wächst sich zu einem streng rationalen, unikursalen Gebilde aus, bei dem jede Teilfigur zur Gesamtfigur ähnlich ist.

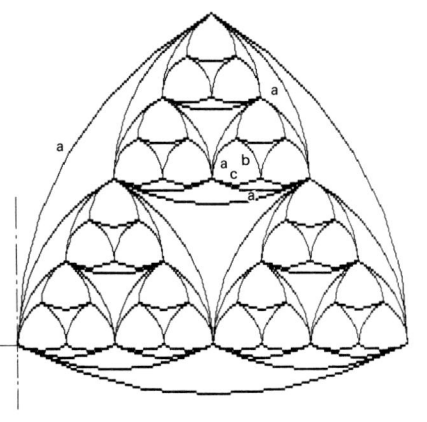

Ja, das Ergebnis hat den gleichen Aufbau wie das Tympanon des gotischen Südportals am Wormser Dom. Aber der Cursor ist nicht vom Nachahmungstrieb, natürlich auch nicht vom Zufall, sondern von einer rekursiven Prozedur mit dreimaligem Selbstaufruf geleitet.

Der erste Selbstaufruf verursacht, daß der Cursor zuerst auf jeder Ebene eine Bogendreieckseite (Seite a) mit halbiertem Radius zeichnet, bis ihm die Unterschreitung der Abbruchzahl 30 erlaubt, auf die Ebene zurückzukehren, auf der er den letzten Bogen gezeichnet hat (im Beispiel die vierte Ebene), um dort das begonnene Bogendreieck durch die Seiten b und c zu ergänzen.

Jetzt, nachdem er auf der vierten (Zeichenbefehls-)Ebene zum Prozedurende vorgedrungen ist, kann er auf die nächsthöhere Ebene zurückkehren und dort eine Seite b anfügen. Unmittelbar darauf muß er wieder absteigen und erst nach einem weiteren vollständigen Bogendreieck auf der untersten Zeichenbefehlsebene wird auch die Seite b der darüberliegenden Ebene ergänzt...

Die Befähigung der Programmiersprache Pascal zur Rekursion erlaubt in diesem Beispiel eine Kürze und Eleganz des Programmierens, die in einer Programmiersprache ohne Rekursion – wie z.B. Basic – nicht erreichbar ist.

3.6 Kielbogen und Nonnenkopf

Der Kielbogen ist ein Motiv aus der islamischen Kunst, das seit dem ausgehenden 13. Jahrhundert in gotischen Maßwerken anzutreffen ist. Sein Name kommt offensichtlich daher, daß er dem Querschnitt eines kieloben liegenden Bootes gleicht. Um diese Bildhaftigkeit zu erhalten, habe ich die beiden Hälften des Bogens *BORD_L* und *BORD_R* genannt. Der *KIELBOGEN* wird nicht an einem Zug gezeichnet wie die bisherigen Bogen:
z.B. *BORD_L (100); KIELBOGEN (100);*

```
procedure BORD_L(Breite:real);
begin
  MERKE_ORT;
  SCHUB_L(Breite/2);
  BOGEN_R(41,Breite);
  BOGEN_L(41,Breite);
  AUF_ORT;
end;


procedure BORD_R(Breite:real);
begin
  MERKE_ORT;
  SCHUB_R   (Breite/2);
  BOGEN_L(41,Breite);
  BOGEN_R(41,Breite);
  AUF_ORT;
end;


procedure KIELBOGEN(Breite:real);
begin
  BORD_R(Breite);
  BORD_L(Breite);
end;
```

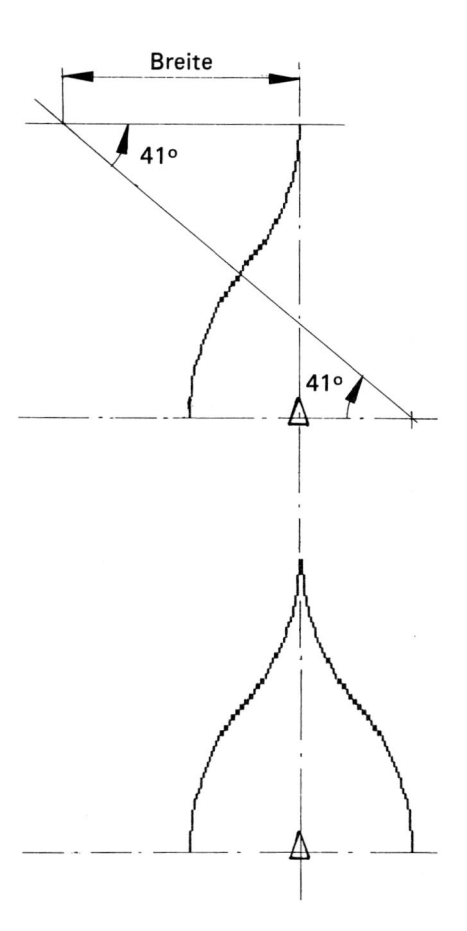

Die Bogenhälfte *BORD_R* ist nach der Bildungsvorschrift für achsensymmetrische Prozeduren aus *BORD_L* hervorgegangen. Dadurch und durch die Verwendung der Hilfsprozeduren *MERKE_ORT* und *AUF_ORT* ist garantiert, daß Ungenauigkeiten bei der Gestaltung der Hälften sich nicht auf die Breite an der Basis und auf die Symmetrie auswirken.

Ein Verwandter des spitzbogigen Kleeblattbogens (hier *BLATTBOGEN* genannt) ist der Nonnenkopf. Er zeichnet sich gegenüber diesem durch kleinere "Schultern" und einen größeren "Kopf" aus. Auch beim Nonnenkopf bewährt sich der oben genannte Programmierstil: z.B. *KOPF* (100); z.B. *NONNENKOPF(100);*

3.6 Kielbogen und Nonnenkopf

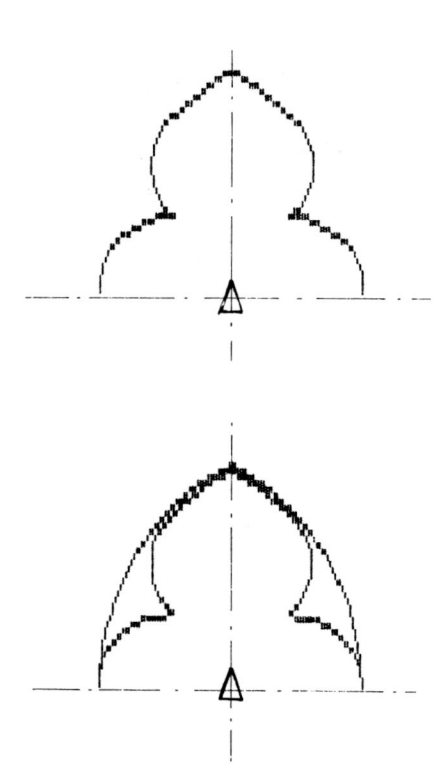

```
procedure KOPF(Breite:real);
begin
  MERKE_ORT;
  SCHUB_L    (Breite/2);
  BOGEN_R(90,Breite*0.28); LINKS(135);
  BOGEN_R(90,Breite*0.28);
  BOGEN_R(16,Breite);
  AUF_ORT;
  SCHUB_R    (Breite/2);
  BOGEN_L(90,Breite*0.28); RECHTS(135);
  BOGEN_L(90,Breite*0.28);
  BOGEN_L(16,Breite);
  AUF_ORT;
end;

procedure NONNENKOPF(Breite:real);
begin
  SPITZBOGEN(Breite);
  KOPF       (Breite);
end;
```

3.7 Ein Fischblasenfenster in Wimpfen

Das Leitmotiv des späten 15. Jahrhunderts war die Fischblase. Es gab sie als spitzbogige und als rundbogige Form. Eine spitzbogige Fischblase, hier *FISCH_S* genannt, läßt sich mit Hilfe des Nonnenkopfes aufbauen und zu dem spitzbogigen Fischblasenpaar (*SPITZBLASEN*) und schließlich zu einem Rundfenster wie in der evangelischen Stadtkirche in Wimpfen am Neckar zusammenfügen.

```
program WIMPFEN_S;
uses
   Graph;
   (*$I BOGEN.PRC*)

procedure FISCH_S(Radius:real);
begin
   LINKS(60);              BOGEN_L(60,Radius);
   SCHUB_R(Radius/2);      NONNENKOPF(Radius);
   SCHUB_R(Radius/2);      LINKS (180);
   BOGEN_R(120,Radius);    RECHTS(180);
end;

procedure SPITZBLASEN(Radius:real);
begin
   RECHTS(45);             SCHUB_R(Radius);
   FISCH_S(Radius);        SCHUB_L(Radius*2);
   RECHTS(180);            FISCH_S(Radius);
   LINKS (180);            SCHUB_R(Radius);
   LINKS (45);
end;

procedure WIMPFEN_S1(Radius:real);
Var Zaehler:integer;
begin
  REIFEN(1,Radius,Radius*0.05);
  for Zaehler:=1 to 6 do
     begin
        FISCH_S(Radius/2);
        RECHTS(60);
     end;
end;

(*Hauptprogramm*)
begin
  GRAFIKEIN;
  SCHUB_V(180);   SPITZBLASEN(50);
  SCHUB_Z(180);   WIMPFEN_S1(100);
  GRAFIKAUS;
end.
```

3.7 Ein Fischblasenfenster in Wimpfen

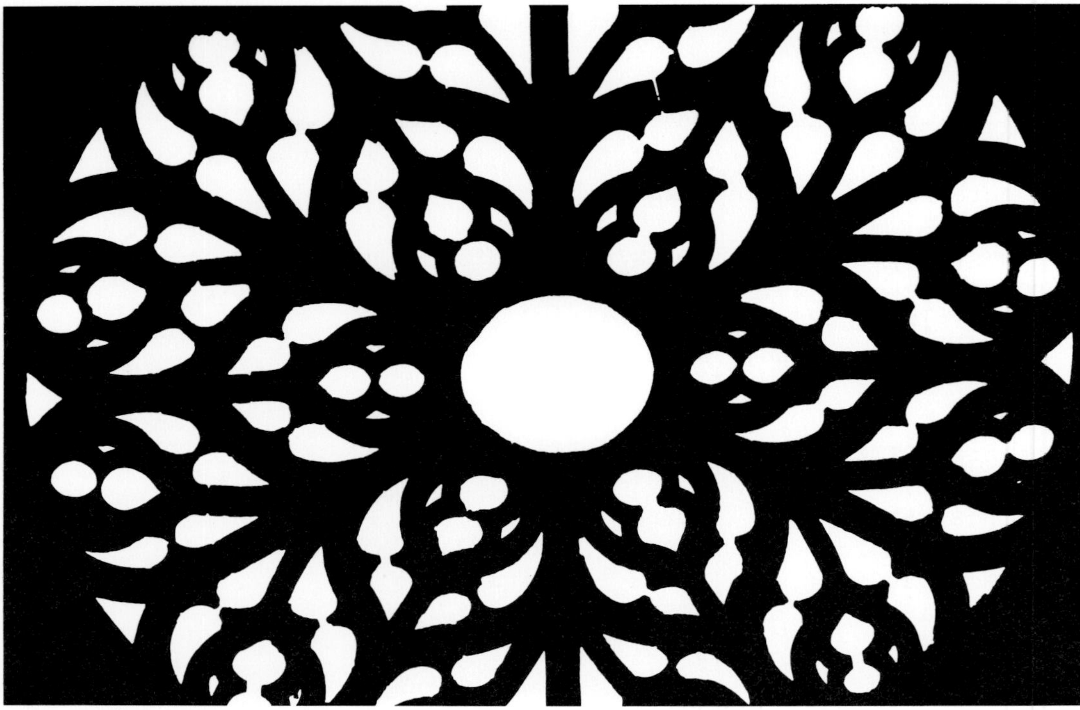

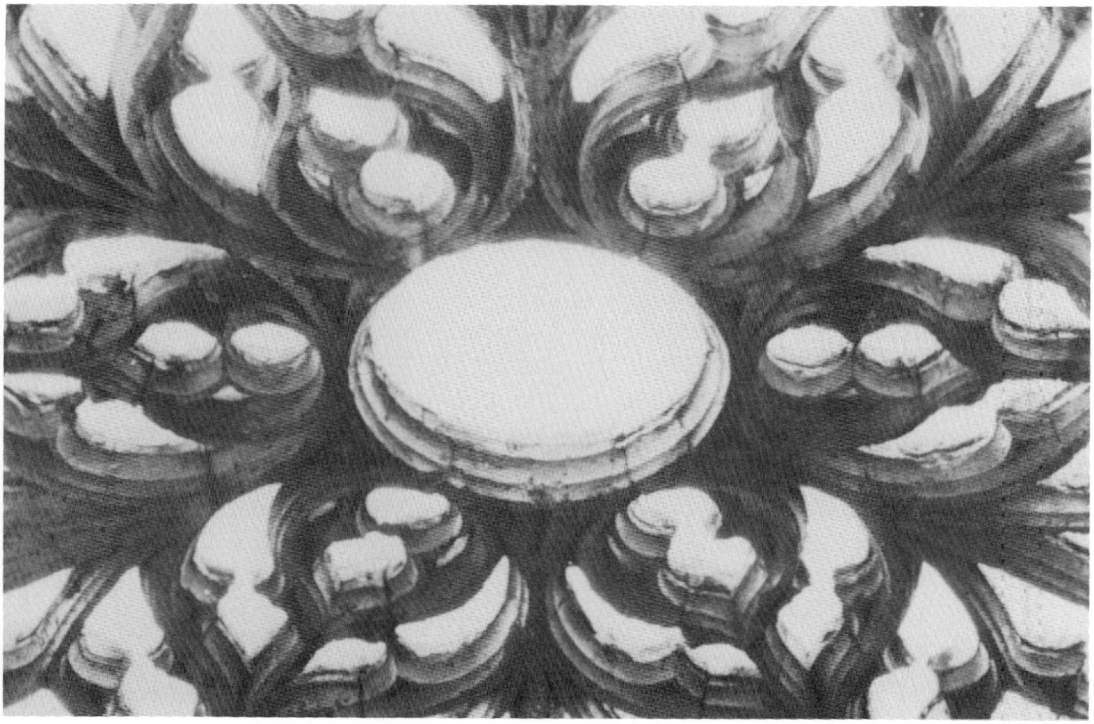

4. Pässe

Eine typisch gotische Erfindung sind die geometrischen Zirkelspiele in den Bogenfeldern der Fenster. Durch gleichmäßige Zirkelschläge entstanden dabei Dreipässe, Vierpässe oder gar Zwölfpässe, mit denen die Bogenformen ausgefüllt wurden. Zusätzlich wurden sie oft noch mit kleineren Bogen und durch Stabwerk unterteilt. Für diese Gestaltungsaufgaben, Maßwerk genannt, verwendeten die Architekten besondere Sorgfalt, denn dadurch konnten sie beweisen, daß sie nicht nur im Handwerksberuf des Architekten, sondern auch in der höher bewerteten freien Kunst der Geometrie Kenntnisse und Fertigkeiten besaßen.

4.1 Dreipässe und Vierpässe

Im Bogenfeld eines gotischen Spitzbogens und in Fensterrosen sind oft auch Kreisformen zu finden, die als Dreipaß, Vierpaß, Sechspaß oder gar Zwölfpaß ausgestaltet sind.

Unter einem Dreipaß versteht man beispielsweise eine Figur, bei der drei Zirkelschläge ("Pässe") einen vorgegebenen (manchmal auch nur gedachten) Kreis ausfüllen. Die Zirkelschläge sind meist Dreiviertelkreisbogen (270°).

Unser Dreiviertelkreisbogen soll *HUFBOGEN* heißen. Um seine Programmierung zu vereinfachen, habe ich für jede Hufbogenhälfte eine Prozedur geschrieben. Aufruf z.B. mit *HUF_L (90,45,135); HUF_R* (90,45,135); *HUFBOGEN (90,45,270);*

```
procedure HUF_L(Hoehe,Radius,Winkel:real);
begin
   MERKE_ORT;
   SCHUB_V(Hoehe);
   LINKS   (90);
   STIFTAB;
   BOGEN_L(Winkel,Radius);
   AUF_ORT;
end;
```

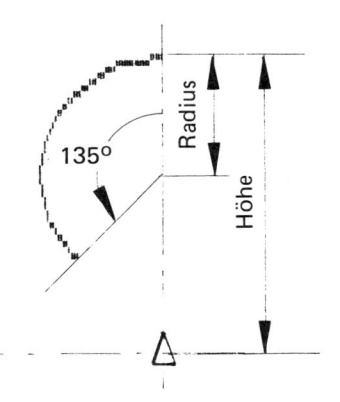

```
procedure HUF_R(Hoehe,Radius,
                Winkel:real);
begin
   MERKE_ORT;
   SCHUB_V(Hoehe);
   RECHTS (90);
   BOGEN_R(Winkel,Radius);
   AUF_ORT;
end;
```

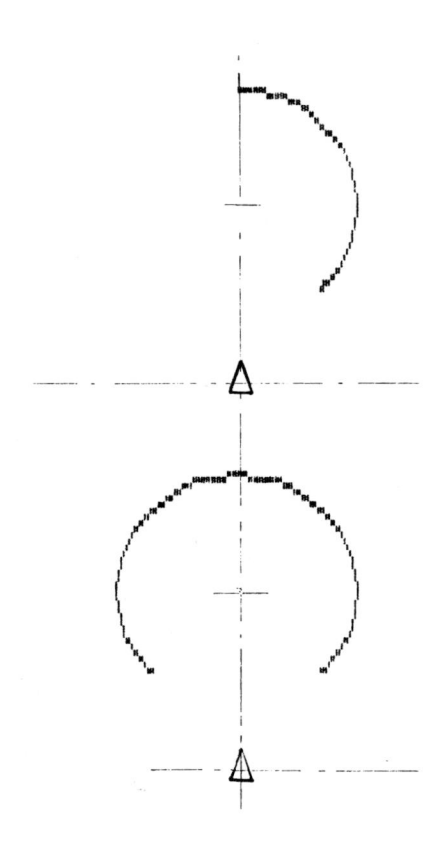

```
procedure HUFBOGEN(Hoehe,Radius,
                    Winkel:real);
begin
   HUF_R(Hoehe,Radius,Winkel/2);
   HUF_L(Hoehe,Radius,Winkel/2);
end;
```

Die Prozedur *PASSKRANZ* soll später einen beliebigen Paß aus solchen *HUFBOGEN* zusammensetzen. Sie verlangt als Eingabe die Zahl der *HUFBOGEN*, den Umkreisradius und den kleinen Radius der *HUFBOGEN (Radius_k)*.

```
procedure PASSKRANZ(Zahl:integer;
              Radius,Miniradius:real);
Var Zaehler:integer;
begin
   for Zaehler:=1 to Zahl do
      begin
         HUFBOGEN(Radius,Miniradius,270);
         RECHTS (360/Zahl);
      end;
end;
```

4. Pässe

Es ist reiner Zufall, wenn Sie beim Aufruf der Prozedur *PASSKRANZ* den kleinen Radius *(Radius_k)* so gewählt haben, daß sich die *HUFBOGEN* berühren, bzw. daß die gewünschte Zahl von Dreiviertelbogen auch tatsächlich das Rundfenster mit dem vorgegebenen Rundfensterradius ausfüllen. Sicherheit könnte hier eine Berechnungsprozedur verschaffen. Weil dazu aber die Grundrechenarten nicht ausreichen, würde solch eine Prozedur gegen unsere Grundsätze verstoßen. Wir werden den *Radius_k* im dritten Teil dieses Buches auf eine Weise ermitteln, die den Methoden des Mittelalters nahe kommt. Bis dahin begnügen wir uns mit dem Ausprobieren.

Wir lassen im Drei- bzw. wie im rechts abgegebildeten Vierpaß die kleinen Dreiviertelbogen stetig größer werden bis die erwünschte Berührung eintritt. Wenn wir als Rundfensterradius 100 wählen, können die passenden Werte für *Radius_k* leicht in Prozentoperatoren umgewandelt werden.

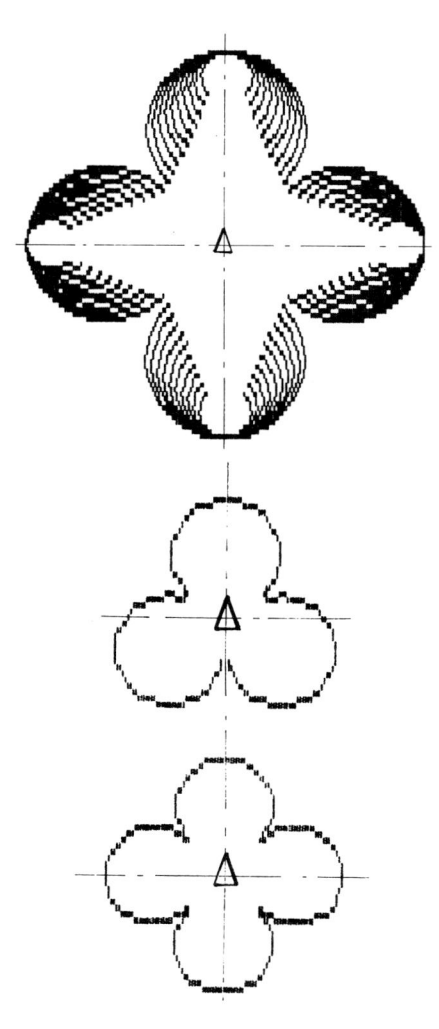

Bei den Experimenten zum *DREIPASS* erhält man auf diese Weise den Operator 0.46 und beim *VIERPASS* 0.41. Damit lassen sich nun die Prozeduren schreiben. Ergänzen Sie die Sammlung jeweils durch eine Version, bei der der Paß um die Hälfte des Drehwinkels gedreht ist. Wir werden solche Prozeduren brauchen. Kennzeichnen Sie diese Versionen mit einem angehängten "Unterstreicherstrich", z.B. *DREIPASS1_*.

```
procedure DREIPASS1(Radius:real);
begin
    PASSKRANZ(3,Radius,Radius*0.46);
end;


procedure VIERPASS1(Radius:real);
begin
    PASSKRANZ(4,Radius,Radius*0.41);
end;
```

4.1 Dreipässe und Vierpässe

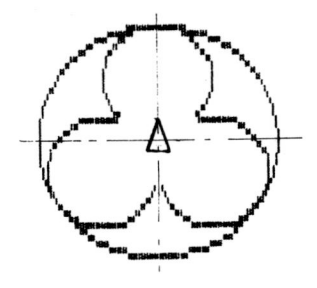

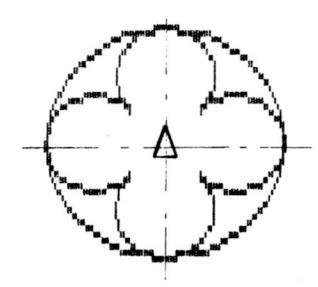

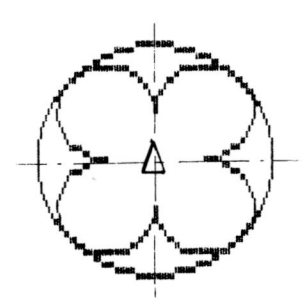

```
procedure DREIPASS(Radius:real);
begin
   DREIPASS1(Radius);
   KREIS     (Radius);
end;

procedure VIERPASS(Radius:real);
begin
   VIERPASS1(Radius);
   KREIS     (Radius);
end;

procedure VIERPASS_(Radius:real);
begin
   RECHTS    (45);
   VIERPASS(Radius);
   LINKS     (45);
end;
```

4.2 Dreipaßbogen und rundbogige Fischblasen

Da wir nun schon Paßprozeduren programmiert haben, liegt es nahe, noch einen weiteren Fensterabschluß, einen Dreipaßbogen, hier kurz *PASSBOGEN* genannt, zu beschreiben.

Er ist eine plastischer wirkende Variante des runden Kleeblattbogens. Über seinen Namen "Dreipassbogen" kann man streiten. Genau genommen ist der Dreipaßbogen nämlich ein halber Vierpaß: Für seine Programmierung bewährt sich, daß unser *HUFBOGEN* aus zwei Hälften (*HUF_R* und *HUF_L*) zusammengesetzt ist. Durch Vertauschen der Hälften entsteht eine Art Schwinge, ein Viertel eines Vierpasses. Wir müssen aber auch den Operator des Vierpasses (0.41) und den Winkel (270/2=135) eingeben.

Zwei solcher Paßviertel zusammen mit einem darübergelegten *RUNDBOGEN* ergeben den *PASSBOGEN*:

```
procedure PASSBOGEN1(Breite:real);
Var Zaehler:integer;
begin
   LINKS(90);
   for Zaehler:=1 to 2 do
     begin
        HUF_R (Breite/2,Breite/2*0.41,135);
        RECHTS(90);
        HUF_L (Breite/2,Breite/2*0.41,135);
     end;
   LINKS(90);
end;

procedure PASSBOGEN(Breite:real);
begin
   PASSBOGEN1(Breite);
   RUNDBOGEN (Breite);
end;
```

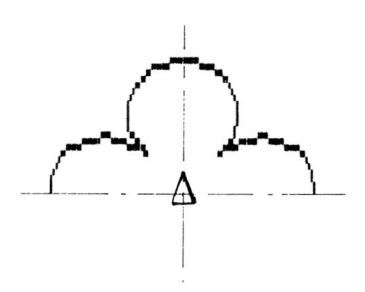

Die Spätform des gotischen Maßwerks, die Fischblase (auch Schneuß genannt), die wir als spitzbogiges Exemplar bereits kennengelernt haben, können wir jetzt auch als rundbogiges Exemplar aufbauen.

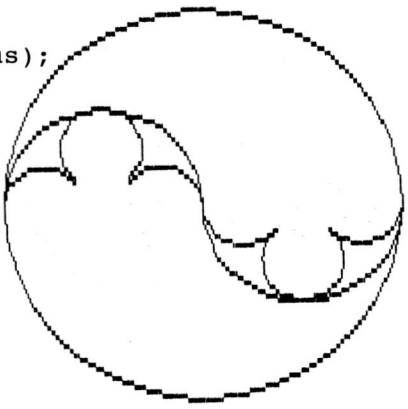

```
procedure RUNDBLASEN(Radius:real);
Var Zaehler:integer;
begin
   KREIS(Radius);
   for Zaehler:=1 to 2 do
     begin
        SCHUB_L(Radius/2); PASSBOGEN(Radius);
        SCHUB_R(Radius/2); RECHTS(180);
     end;
end;
```

4.2 Dreipaßbogen und rundbogige Fischblasen

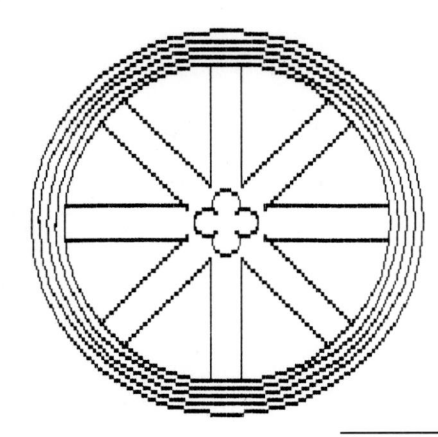

4.3 Rundfenster wie in Roye, Arnsberg und Hildesheim

Drei Jahrhunderte älter als die eben programmierten Fischblasen ist das folgende Rundfenster aus der zweiten Hälfte des 12. Jahrhunderts. Das Programm *ROYE* enthält nicht alle Einzelheiten des Vorbildes, sondern nur die Hauptmerkmale des Speichenradfensters aus St.-Pierre in Roye (Frankreich):

```
program ROYE;
uses
  Graph;
  (*$I BOGEN.PRC*)

procedure ROYE1(Radius:real);
begin
   REIFEN       (4,Radius,Radius*0.05);
   SPEICHENRAD(8,Radius,Radius*0.23,Radius*0.2);
   VIERPASS1                   (Radius*0.2);
end;

(*Hauptprogramm*)
begin
  GRAFIKEIN;
  ROYE1(100);
  GRAFIKAUS;
end.
```

Aus den Speichen des Arnsberger Radfensters an der Propsteikirche in Wedinghausen (um 1300) blühen freie Dreipässe, und am Dom in Hildesheim (1317/1333) sind Dreiblätter und Dreipässe kombiniert.

```
program ARNSBERG;
uses
   Graph;
   (*$I BOGEN.PRC*)

procedure ARNSBERG1(Radius:real);
Var Zaehler:integer;
begin
   REIFEN      (2,Radius,Radius*0.05);
   SPEICHENRAD(4,Radius*0.55,Radius*0.22,Radius*0.44);
   RECHTS(3602);
      for Zaehler:=1 to 8 do
         begin
            SCHUB_V    (Radius*0.70);
            DREIPASS1  (Radius*0.25);
            SCHUB_Z    (Radius*0.70);
            RECHTS(360/8);
         end;
   LINKS(3602);
end;



(*Hauptprogramm*)
begin
   GRAFIKEIN;
   ARNSBERG1(100);
   GRAFIKAUS;
end.
```

4.3 Rundfenster wie in Roye, Arnsberg und Hildesheim

```
program HILDESHEIM;
uses
  Graph;
  (*$I BOGEN.PRC*)

procedure HILDESHEIM1(Radius:real);
Var Zaehler:integer;
begin
  REIFEN(1,Radius,Radius*0.05);
  RECHTS(180);
     for Zaehler:=1 to 3 do
       begin
          DREIBLATT_(Radius);    RECHTS(360/3);
       end;
  LINKS(180);
     for Zaehler:=1 to 3 do
       begin
          SCHUB_V(Radius*0.75); DREIPASS_(Radius*0.25);
          SCHUB_Z(Radius*0.75); RECHTS(360/3);
       end;
end;

(*Hauptprogramm*)
begin
  GRAFIKEIN;
  HILDESHEIM1(100);
  GRAFIKAUS;
end.
```

4. Pässe

4.4 Dreibogen und Vierbogen

Die in 4.5 dargestellten Rundfenster in Zeitz und Magdeburg verlangen zentrierte Bogendreiecke und Bogenvierecke. Die bereits programmierte Bogendreieckprozedur eignet sich dafür nicht ohne weiteres, weil sie nicht vom Zentrum, sondern vom Mittelpunkt der Kämpferlinie aus angelegt ist. Anstatt diese Prozedur zu zentrieren, habe ich mit Hilfe der Hufbogenprozedur eine neue gebaut.

```
procedure DREIBOGEN(Radius:real);
Var Zaehler:integer;
begin
   for Zaehler:=1 to 3 do
      begin
         HUFBOGEN(Radius,Radius*2, 67); RECHTS(120);
      end;
end;

procedure DREIBOGEN_(Radius:real);
begin
   RECHTS(180);  DREIBOGEN(Radius);  LINKS(180);
end;
```

```
procedure VIERBOGEN(Radius:real);
Var Zaehler:integer;
begin
   for Zaehler:=1 to 4 do
      begin
         HUFBOGEN(Radius,Radius*2, 48); RECHTS(90);
      end;
end;

procedure VIERBOGEN_(Radius:real);
begin
   RECHTS(45);  VIERBOGEN(Radius);  LINKS(45);
end;
```

4.5 Rundfenster wie in Magdeburg und Zeitz

Die Prozedur *VIERBOGEN* kann die bereits zentrierte Prozedur *VIERBLATT1* (S. 52) einfassen. Dann leistet sie im Programm *MAGDEBURG* gute Dienste. Die gedrehte Variante von *VIERBLATT* wird im Programm *ZEITZ* benötigt. In dem am Anfang des 14. Jahrhunderts entstandenen Rundfenster am Dom von Magdeburg sind *DREIBOGEN* ineinander verschränkt und mit Vierblättern ausgefüllt.

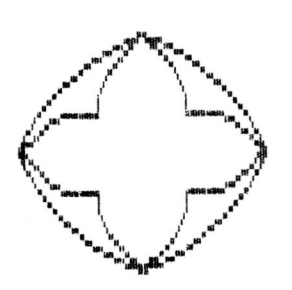

```
procedure VIERBLATT(Breite:real);
begin
    VIERBLATT1(Breite);
    VIERBOGEN_(Breite*0.4);
end;

procedure VIERBLATT_(Breite:real);
begin
    RECHTS(45); VIERBLATT(Breite); LINKS(45);
end;
```

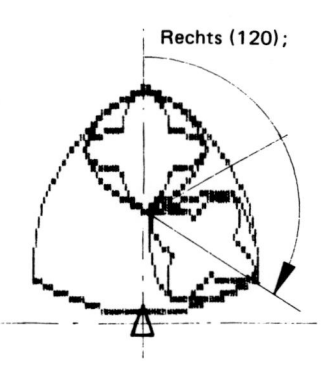

```
program MAGDEBURG;
uses
     Graph;
     (*$I BOGEN.PRC*)

procedure MAGDEBURG0(Radius:real);
Var Zaehler:integer;
begin
    DREIBOGEN_(Radius*0.75);
    for Zaehler:=1 to 2 do
        begin
            SCHUB_V(Radius/2); VIERBLATT(Radius);
            SCHUB_Z(Radius/2); RECHTS   (120);
        end;
    RECHTS(120);
end;
```

Rechts (120);

72   4. Pässe

```
procedure MAGDEBURG1(Radius:real);
Var Zaehler:integer;
begin
   for Zaehler:=1 to 6 do
      begin
         SCHUB_V(Radius/2); MAGDEBURG0(Radius/2);
         SCHUB_Z(Radius/2); RECHTS      (60);
      end;
   REIFEN(1,Radius,Radius*0.1);
end;



(*Hauptprogramm*)
begin
   GRAFIKEIN;
   MAGDEBURG1(100);
   GRAFIKAUS;
end.
```

Das Rundfenster an der Schloßkirche von Zeitz ist erst in der ersten Hälfte des 15. Jahrhunderts entstanden und enthält im Wechsel Dreiblätter und Vierblätter, die von Dreibogen und Vierbogen eingefaßt sind.

```
program ZEITZ;
uses
     Graph;
     (*$I BOGEN.PRC*)

procedure ZEITZ_A(Radius:real);
Var Zaehler:integer;
begin
   for Zaehler:=1 to 3 do
      begin
         SCHUB_V(Radius*0.55); VIERBLATT_(Radius);
         SCHUB_Z(Radius*0.55); RECHTS     (120);
      end;
end;
```

4.5 Rundfenster wie in Magdeburg und Zeitz

```
procedure ZEITZ_B(Radius:real);
Var Zaehler:integer;
begin
   for Zaehler:=1 to 3 do
      begin
         SCHUB_V(Radius*0.45); DREIBLATT_(Radius/2);
         SCHUB_Z(Radius*0.45); RECHTS    (120);
      end;
end;

procedure ZEITZ1(Radius:real);
begin
   RECHTS(180);   ZEITZ_A(Radius);
   RECHTS(180);   ZEITZ_B(Radius);
   REIFEN(1,Radius,Radius*0.1);
end;

(*Hauptprogramm*)
begin
   GRAFIKEIN;
   ZEITZ1(100);
   GRAFIKAUS;
end.
```

74   4. Pässe

5. Kränze nach Katalog

Bei den kunsthistorischen Bestandsaufnahmen des neunzehnten Jahrhunderts entdeckte man den Formenreichtum der gotischen Ornamente, begeisterte sich daran und ließ sich davon verführen. Man baute neugotische Kirchen, Rathäuser und Bahnhöfe und stellte sogar gußeiserne neugotische Halsketten in Massenproduktion her.

Auch die uns zur Verfügung stehenden Formen sind inzwischen so zahlreich geworden, daß die Wahl zur Qual werden könnte. Das wollen wir vermeiden.

5.1 Eine mehrfach verzweigte Prozedur für Kränze

Viele Rosenfenster enthalten einen Kranz aus Bogenformen. Um den Aufbau solcher Kränze zu vereinfachen, soll ein Programm entwickelt werden, das nicht nur eine Bogenform wie beim *PASSKRANZ*, sondern wählbare Bogenformen im Kreis anordnet.
Für dieses Programm sind zwei Module nötig:
a) eine Hilfeprozedur, die die Auswahl einer bestimmten Form aus einem Katalog ermöglicht. Sie soll die Kopfzeile *FORMWAHL(Form:string;Mass :real);* haben. Bei Eingabe eines Kennwortes für die Form (in Hochkommata eingeschlossen!) und einer Zahl für das Maß soll sie die gewünschte Bogenprozedur (z.B. *klee*) ordnungsgemäß aufrufen.
b) und eine Prozedur *KRANZ(Form:string;Zahl:integer; Radius,Mass:real);* die durch Drehung der gewählten und hochgestellten Formen (z.B. *spitz*) mit einem bestimmten Breitenmaß (z.B. 30) einen Kranz mit einer bestimmten Anzahl von Einzelformen (z.B. 12) und einem bestimmten Innenradius (z.B. 60) herstellt: also z.B. *KRANZ('spitz',12,70,35)*.

Die Drehung um den halben Mittelpunktswinkel am Beginn und am Ende der Prozedur KRANZ bewirkt, daß die Bogenfußpunkte auf eventuell vorhandene Speichen aufsetzen können. Dazwischen werden die Hilfsprozeduren aufgerufen.

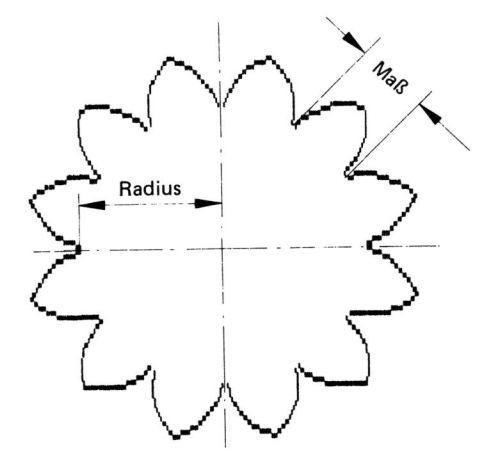

```
procedure FORMWAHL(Form:string;Mass:real);
begin
   if Form = 'spitz'        then SPITZBOGEN  (Mass);
   if Form = 'rund'         then RUNDBOGEN   (Mass);
   if Form = 'klee'         then KLEE        (Mass);
   if Form = 'kleebogen'    then KLEEBOGEN   (Mass);
   if Form = 'blatt'        then BLATT       (Mass);
   if Form = 'blattbogen'   then BLATTBOGEN  (Mass);
   if Form = 'kiel'         then KIELBOGEN   (Mass);
   if Form = 'kopf'         then KOPF        (Mass);
   if Form = 'nonnenkopf'   then NONNENKOPF  (Mass);
   if Form = 'passbogen1'   then PASSBOGEN1  (Mass);
   if Form = 'passbogen'    then PASSBOGEN   (Mass);
   if Form = 'dreipass1'    then DREIPASS1   (Mass);
   if Form = 'dreipass1_'   then DREIPASS1_  (Mass);
   if Form = 'dreipass'     then DREIPASS    (Mass);
   if Form = 'dreipass_'    then DREIPASS_   (Mass);
   if Form = 'vierpass1'    then VIERPASS1   (Mass);
   if Form = 'vierpass1_'   then VIERPASS1_  (Mass);
   if Form = 'vierpass'     then VIERPASS    (Mass);
   if Form = 'vierpass_'    then VIERPASS_   (Mass);
   if Form = 'kreis'        then KREIS       (Mass);
end;

procedure KRANZ(Form:string;Zahl:integer;Radius,Mass:real);
var Zaehler:integer;
begin
   RECHTS(360/Zahl/2);
   for Zaehler:=1 to Zahl do
      begin
         SCHUB_V (Radius);
         FORMWAHL(Form,Mass);
         SCHUB_Z (Radius);
         RECHTS   (360/Zahl);
      end;
   LINKS(360/Zahl/2);
end;
```

5.2 Das Modell von Villard de Honnecourt

Das bereits erwähnte Musterbuch von Villard de Honnecourt enthält auch das abgebildete Glücksrad. Es hat vielleicht als (spätes) Modell gedient. (18) Die Figuren an der Peripherie stellen vom Schicksal emporgetragene und immer wieder zu Boden stürzende Herrschergestalten dar. Im Zentrum greift Fortuna mit den Händen in die Speichen des Rades. Ihre Füße ruhen auf der Weltkugel. (19)

Das Programm verwendet erstmals die *KRANZ*-Prozedur.

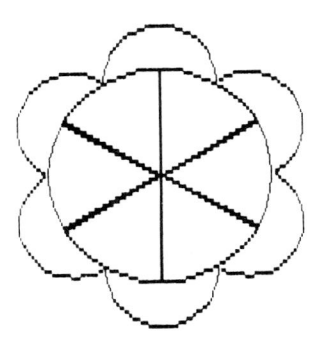

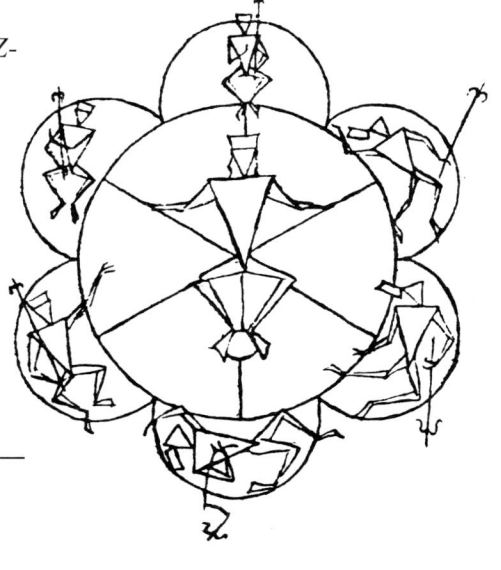

```
program GLUECK;
uses
   Graph;
   (*$I BOGEN.PRC*)

procedure GLUECK1(Radius:real);
begin
   KREIS          (Radius);           RECHTS(3602);
   KRANZ('rund',6, Radius*0.9,Radius); LINKS (3602);
   SPEICHENRAD (6, Radius,1,1);
end;

(*Hauptprogramm*)
begin
    GRAFIKEIN;
    GLUECK1(70);
    GRAFIKAUS;
end.
```

5.3 Das Glücksrad von Beauvais und andere Speichenradfenster

Die älteste erhaltene Fensterrose überhaupt ist die um 1130/40 entstandene romanische Rose des Nordquerschiffs von St.-Etienne in Beauvais (Frankreich). Ihr (hier nicht sichtbarer) figürlicher Schmuck verrät, daß sie als Glücksrad gemeint war. Die Einteilung in zwölf Sektoren bezieht sich auf die zwölf Tierkreiszeichen.

Beim Versuch, den Kranz aus *KLEEBOGEN* in den Kreis mit vorgegebenem Radius einzupassen, taucht ein ähnliches Problem auf wie bei der Gestaltung eines Passes: Wie groß muß die Einzelform sein, damit sie den Umkreis ausfüllt? Darüber hinaus müssen noch weitere Fragen geklärt werden: In welche Höhe (Innenradius) soll die Einzelform gebracht werden? Wie groß muß der dazu passende Speichenradius sein? Wie dick sollen die Speichen sein, und in welchem Abstand voneinander sollen die Einzelbögen auf der Speiche aufsetzen?

Wir werden zur Ermittlung der Radmaße im zweiten Teil dieser Arbeit spezielle Prozeduren erstellen. Bis dahin können die Radmaße durch Schätzen, Ausprobieren oder durch Berechnung der Prozentanteile am Radius auf Grund vorgegebener Zeichnungen gefunden werden.

Beim Versuch, meine Fensterrosenprozeduren nachzuvollziehen bzw. bei eigenen Versuchen, Maße von Fensterrosen seines Wohnortes zu bestimmen, sollte man die Kopfzeilen der verwendeten Prozeduren vor Augen haben, um sicherer zuordnen zu können:

REIFEN *(Zahl:integer;Miniradius, Dicke:real);*
KRANZ *(Form:string;Zahl:integer;Radius, Mass:real);*
SPEICHENRAD *(Zahl:integer;Radius, Nabe, Dicke:real);*

```
program BEAUVAIS;
uses
   Graph;
   (*$I BOGEN.PRC*)

procedure BEAUVAIS1(Radius:real);
begin
   REIFEN        (2, Radius,      Radius*0.05);
   REIFEN        (2, Radius*0.2,  Radius*0.05);
   KRANZ('klee',12, Radius*0.80,Radius*0.38);
   SPEICHENRAD (12, Radius*0.82,Radius*0.3,   Radius*0.04);
end;

(*Hauptprogramm*)
begin
    GRAFIKEIN;
    BEAUVAIS1(100);
    GRAFIKAUS;
end.
```

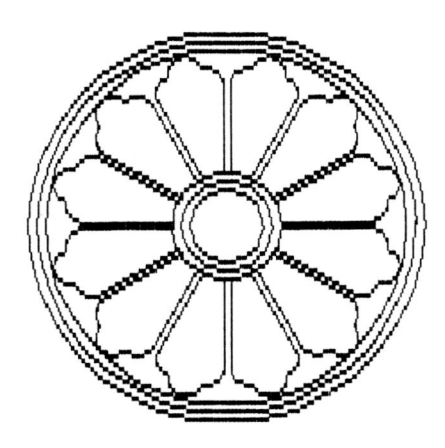

5.3 Das Glücksrad von Beauvais und andere Speichenradfenster

Die Maße für die Fensterrosen hängen nicht nur von der Größe und von der Speicherzahl ab, sondern auch davon, ob eine runde oder eine spitze Bogenform als Element des Kranzes auftritt.

In einer der Fensterrosen des Baseler Münsters (1358-1363) bilden Nonnenköpfe spitze Lanzetten, die wie Nasen aussehen.

```
program BASEL;
uses
  Graph;
  (*$I BOGEN.PRC*)

procedure BASEL1(Radius:real);
begin
  REIFEN             (2, Radius,     Radius*0.05);
  KRANZ('nonnenkopf',16, Radius*0.74,Radius*0.27);
  SPEICHENRAD        (16, Radius*0.78,Radius*0.2,   Radius*0.03);
  VIERPASS                            (Radius*0.2)
end;

(*Hauptprogramm*)
begin
   GRAFIKEIN;
   BASEL1(100);
   GRAFIKAUS;
end.
```

5. Kränze nach Katalog

Eine Übernahme der Operatoren ist nur möglich, wo gleiche Speichenzahl und verwandte Bogenformen vorkommen, z.B. in dem Radfenster an der Westfassade der ehemaligen Stiftskirche Notre Dame in Montréal (1180) und in dem Radfenster am südlichen Querhaus der Kirche in Chars (beide in Frankreich, Ende 12. Jh.).

```
program MONTREAL_W;
uses
   Graph;
   (*$I BOGEN.PRC*)

procedure MONTREAL_W1(Radius:real);
begin
    REIFEN        (2, Radius,     Radius*0.05);
    REIFEN        (1, Radius*0.1, Radius*0.06);
    KRANZ  ('rund', 8, Radius*0.71,Radius*0.53);
    SPEICHENRAD (  8, Radius*0.77,Radius*0.16,   Radius*0.06);
end;

(*Hauptprogramm*)
begin
    GRAFIKEIN;
    MONTREAL_W1(100);
    GRAFIKAUS;
end.
```

```
program CHARS;
uses
  Graph;
  (*$I BOGEN.PRC*)

procedure CHARS1(Radius:real);
begin
    REIFEN          (2, Radius,     Radius*0.05);
    REIFEN          (5, Radius*0.15,Radius*0.03);
    KRANZ ('rund'  ,8, Radius*0.71,Radius*0.53);
    KRANZ ('kreis',8, Radius*0.71,Radius*0.2 );
    SPEICHENRAD (   8, Radius*0.77,Radius*0.3,   Radius*0.06);
end;

(*Hauptprogramm*)
begin
    GRAFIKEIN;
    CHARS1(100);
    GRAFIKAUS;
end.
```

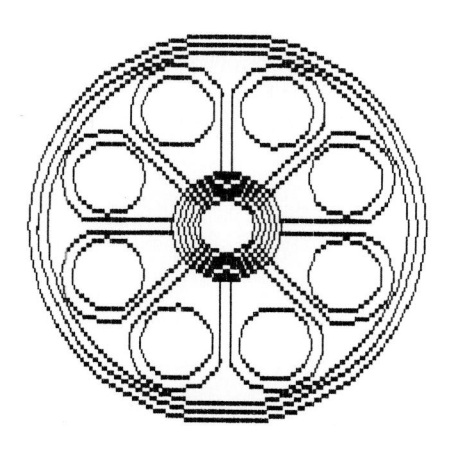

II. TEIL: MASSWERK

Von Goethe und seinen Zeitgenossen neu entdeckt und zugleich mystifiziert, wurde die Gotik für viele Ideen, auch für nationale Symbolik, vereinnahmt. Der Kölner Dom verdankt dieser Strömung seine Vollendung (ab 1842).

Im ersten Jahrzehnt unseres Jahrhunderts sagte man dem Ornament und damit auch der ornamentfreudigen Gotik den Kampf an. Adolf Loos schrieb 1908 den vieldiskutierten Aufsatz "Ornament und Verbrechen". Am modernen funktionalistischen Baukörper waren zweckfreie Ornamente kaum mehr gefragt. Sie waren so überflüssig wie Tätowierungen.

Ernst Bloch verteidigte gotische Ornamentik bereits in einer Jugendschrift. (20) In seinem Hauptwerk "Das Prinzip Hoffnung" (1959) erkor er die Gotik zur "archetypischen" Bauutopie der Menschheit und nannte sie "Utopie Lebensbaum". Sie bildete den Gegenpol zu der durch ägyptische Pyramiden symbolisierten Utopie, die er "Utopie Todeskristall" nannte. Das gotische Ornament war für Bloch ein "Ornament der Befreiung" (21). "Im dreizehnten Jahrhundert blühend, mit großem Reichtum der Einzelheiten, wie er aus der beginnenden Befreiung von der feudalen Ordnung stammt, mit unmittelbarem Empordrang aller Bauglieder zur Höhe, wie er aus der Befreiung der reichen Städte von der klerikalen Ordnung stammt, ist die Gotik ein urbanmystisches Gebilde…" (22).

Im zweiten Teil dieses Buches werden die Formmodule des ersten Teils zu Programmen für Maßwerkbänder, Maßwerkfenster und einen Maßwerkgiebel organisiert. Die Vorbilder zu den Ornamentprozeduren stammen aus spätgotischer Zeit und sind meist detailreicher als die bisherigen Ornamente. Eine Dreieckskonstruktion für einen Flammengiebel leitet über zu den Konstruktionen im dritten Teil des Buches.

6. Bandornamente

Der von Bloch angesprochene "Empordrang zur Höhe" ist im Bandornament von einer waagrechten Achse gehalten. Bandornamente finden sich (oft als Blendwerk) an Sockeln und Kanzeln gotischer Kathedralen. Sie breiten ein Netz von Linien über Taufbecken und Trinkgefäße, sie vergittern Chorschranken, Lettner, Brüstungen und Emporen und steigen Zeile um Zeile an Wänden und Giebeln empor.

6.1 Ein zentriertes Gitter

Das programmiertechnisch einfachste Bandornament ist ein Gitter. Die Prozedur *GITTER*1 zeichnet das *STABMOTIV* so oft, wie die Stäbezahl angibt. Z.B.: *GITTER1(4,10,30);*

```
procedure STABMOTIV(Hoehe:real);
begin
   VORWAERTS  (Hoehe/2);
   RUECKWAERTS(Hoehe);
   VORWAERTS  (Hoehe/2);
end;

procedure GITTER1(Hoehe,Schub:real;Zahl:integer);
var Zaehler:integer;
begin
   for Zaehler:=1 to Zahl do
      begin
         STABMOTIV(Hoehe);
         SCHUB_R  (Schub);
      end;
end;
```

Bei dieser Programmierung bleibt der Cursor nach Beendigung der Arbeit nicht unter dem letzten Stab, sondern weiter rechts stehen. Sein Arbeitsweg ist um einen Verschiebeabstand zu lang.

Dieses Problem müssen wir im Auge behalten, wenn wir das *GITTER* und ähnliche Bandornamentprozeduren zentrieren wollen.

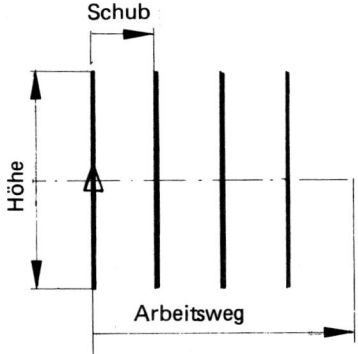

```
program GITTER;
uses Graph;
     (*$I BOGEN.PRC*)

procedure GITTER_M(Hoehe,Schub:real;Zahl:integer);
begin
   SCHUB_L((Zahl-1)*Schub/2);
   GITTER1 (Hoehe,  Schub,Zahl);
   SCHUB_L((Zahl+1)*Schub/2);
end;

(*Hauptprogramm*)
begin
   GRAFIKEIN;
   GITTER_M(100,30,4);
   GRAFIKAUS;
end.
```

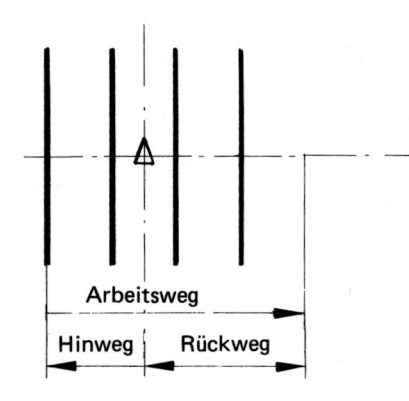

Aus dem oben gesagten und aus der Skizze ist klar, daß auf dem Hinweg die Zahl der halben Abstände um 1 kleiner sein muß als die Stäbezahl, also (Zahl-1). Und weil der Arbeitsweg des Cursors um zwei halbe Abstände zu lang ist, ist der Rückweg auch um 2 halbe Abstände länger als der Hinweg. Der Faktor ist also (Zahl+1) statt (Zahl-1).

6.2 Ein Fries wie in Karlsruhe

Ausschließlich mit den Drei- und Vierblattprozeduren der Anfangskapitel und mit den bei dem *GITTER* gewonnenen Einsichten läßt sich das oben stehende Fries realisieren.

Angeregt zu diesem Fries hat mich ein Maßwerkfries auf einem sogenannten Doppelmaser, einem Trinkgefäß aus der zweiten Hälfte des 15. Jahrhunderts, das im Badischen Landesmuseum Karlsruhe ausgestellt ist. Verwandte Friese gibt es auch in der Architektur, z.B. im Chor der St. Leonhardskirche in Frankfurt (vgl. 6.4).

Zum Aufbau der Prozeduren:

Ich habe das folgende Motiv aus dem Fries herausgelöst und dabei das Dreiblatt auf einen unsichtbaren Stiel gestellt. Z.B. *FRIESMOTIV(60,72);*

```
procedure FRIESMOTIV(Breite,Schub:real);
var Zaehler:integer;
begin
   VIERBLATT1(Breite);     RECHTS (45);
   QUADRAT_M (Breite*0.7);
   QUADRAT_M (Breite);     LINKS  (45);
   SCHUB_R (Schub/2);
   for Zaehler:= 1 to 2 do
      begin
         SCHUB_V   (Breite*0.2);
         DREIBLATT_(Breite*0.5);
         SCHUB_Z   (Breite*0.2);
         RECHTS    (180);
      end
   SCHUB_L(Schub/2);
end;
```

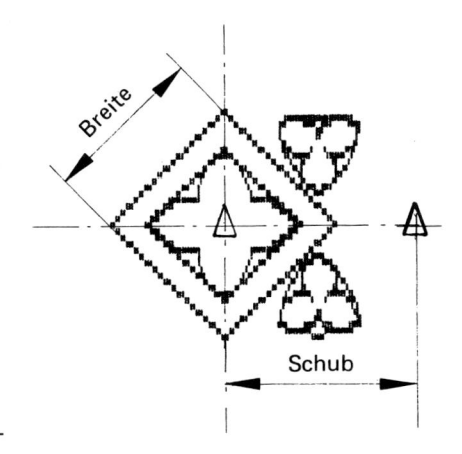

Wie die Prozedur *GITTER1* die Stabmotive, so bringt *FRIES1* die Friesmotive in die Reihe. Und wie *GITTER* das Produkt von *GITTER1* zentriert hat, so tut das hier die Prozedur *FRIES* mit dem Produkt von *FRIES1*.

```
program KARLSRUHE;
uses GRAPH;
     (*$I BOGEN.PRC*)

procedure FRIES1(Breite,Schub:real;Zahl:integer);
Var Zaehler:integer;
begin
    for Zaehler:=1 to Zahl do
        begin
            FRIESMOTIV(Breite,Schub);
            SCHUB_R(Schub);
        end;
end;

procedure FRIES(Breite,Schub:real;Zahl:integer);
begin
   SCHUB_L((Zahl-1)*(Schub/2));
   FRIES1(Breite,Schub,Zahl);
   SCHUB_L((Zahl+1)*(Schub/2));
end;

(*Hauptprogramm*)
begin
   GRAFIKEIN;
   FRIES(60,72,7);
   GRAFIKAUS;
end.
```

6. Bandornamente

6.3 Bandornamente systematisiert

Eine große Hilfe für rationelles Programmieren von Bandornamenten habe ich bei Breidenbach gefunden. Er erklärt in seinem Buch "Raumlehre in der Volksschule", daß es vom geometrischen Standpunkt aus nur sieben Arten von Bandornamenten gibt, die er wie folgt skizziert und beschreibt:
"Typ 1. Das Motiv ist weder zur Längs- noch zur Querachse des Streifens symmetrisch...
Typ 2. Das Motiv läßt die Spiegelung an der Längsachse des Streifens zu...
Typ 3. Das Motiv läßt die Spiegelung an einer Querachse des Streifens zu...
Typ 4. Das Motiv läßt eine Umwendung um einen Punkt an der Längsachse des Streifens zu...
Typ 5. Das Motiv vereinigt die Eigenschaften von Typ 2 bis 4...
Typ 6. Das Motiv besteht aus zwei Teilen, die durch Schubspiegelung in Richtung der Längsachse ineinander übergeführt werden können...
Typ 7. Das Motiv besteht wieder aus zwei Teilen, die durch Schubspiegelung ineinander übergeführt werden können. Jeder Teil für sich besitzt eine Spiegelachse..." (23).

Um auszuloten, welche Möglichkeiten in einem Motiv stecken, habe ich eine Prozedur für Bandornamente geschrieben, bei der das Motiv (wie bei dem Programm *KRANZ* aus den vorausgehenden Kapiteln) auswechselbar ist. Selbstverständlich müssen die dafür notwendigen neuen Motive erstellt und anwählbar gemacht werden. Turbo Pascal hat dafür die Möglichkeit geschaffen, sich mit *forward* auf eine noch nicht vorhandene Prozedur zu beziehen. Man muß nur die Kopfzeile der noch zu erstellenden Prozedur an Stelle der ganzen Prozedur aufschreiben und sie mit dem Anhängsel *forward* versehen. Die eigentliche Prozedur kann dann später nachgetragen werden.

Bandornamente, Beispiele (unten) und systematisiert (oben)

```
procedure MOTIVWAHL(Form:string;Mass:real);forward;

procedure BAND1(Form:string;Breite,Schub:real;Zahl:integer);
Var Zaehler:integer;
begin
    for Zaehler:=1 to Zahl do
        begin
            MOTIVWAHL(Form,Breite);
            SCHUB_R   (Schub);
        end;
end;

procedure BAND(Form:string;Breite,Schub:real;Zahl:integer);
begin
   SCHUB_L((Zahl-1)*(Schub/2));
   BAND1(Form,Breite,Schub,Zahl);
   SCHUB_L((Zahl+1)*(Schub/2));
end;
```

Ich habe für diese Prozeduren eine eigene Datei eingerichtet und sie *BAND.PRC* genannt.

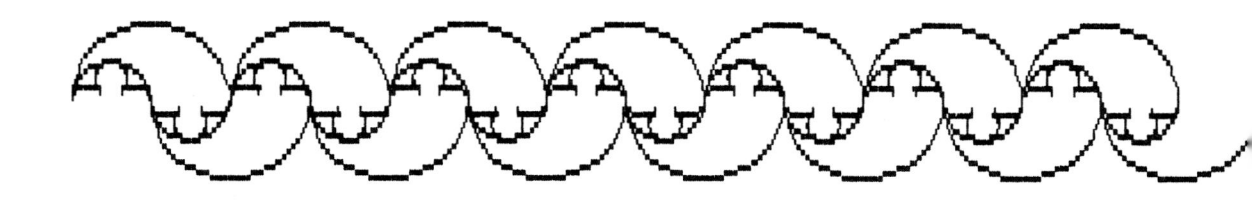

6.4 Brüstungen wie in St. Leonhard in Frankfurt

Die dreischiffige Halle des Langhauses von St. Leonhard in Frankfurt am Main ist auf drei Seiten von Emporen umgeben. Die Brüstungen der Emporen sind reich mit spätgotischem Maßwerk verziert.

Breidenbachs Systematik hat mich auf die Idee gebracht, das Motiv aus dem Maßwerk herauszulösen und es gemäß der sieben Typen neu zusammenzusetzen. Auf diese Weise würden, so hoffte ich, neue brauchbare Ornamente entstehen. Das Motiv ist sehr einfach.

```
procedure LEO_L(Breite:real);
begin
    Rundbogen(Breite);
    SCHUB_L(Breite/4);
    PASSBOGEN(Breite/2);
    SCHUB_R(Breite/4);
end;

procedure LEO_R(Breite:real);
begin
    Rundbogen(Breite);
    SCHUB_R(Breite/4);
    PASSBOGEN(Breite/2);
    SCHUB_L(Breite/4);
end;
```

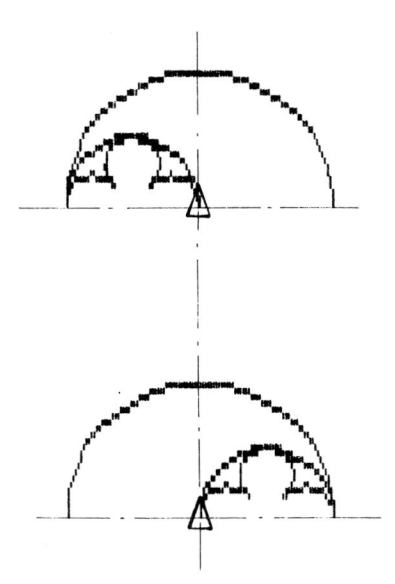

Die bisher nur angekündigte Prozedur *MOTIV-WAHL* kann jetzt geschrieben werden, so daß mit ihrer Hilfe die neuen Motive anwählbar sind.

```
procedure
MOTIVWAHL(Form:string;Mass:real):
begin
    if Form= 'leo_r' then LEO_R(Mass);
    if Form= 'leo_l' then LEO_L(Mass);
end;
```

Durch Parallelverschiebung des neuen Motivs bzw. seines Spiegelbildes entsteht das Bandornament *LEO1_L* und dessen Spiegelbild *LEO1_R*. Der Verschiebeabstand (Schub) ist genauso groß wie die Breite des Motivs.

```
procedure LEO1_L;
begin
    BAND('leo_l',60,60,4);
end;

procedure LEO1_R;
begin
    BAND('leo_r',60,60,4);
end;
```

Die übrigen sechs Ornamente entstehen streng nach Breidenbachs Typenbeschreibung aus diesem Streifen, wobei die drei Reproduktionsmethoden (Achsenspiegelung, Drehung und Schubspiegelung) sehr deutlich aus dem Prozeduraufbau abzulesen sind. Um den Programmieraufwand zu reduzieren, habe ich (im Unterschied zu Breidenbachs Typenbeschreibung) nicht das einzelne Motiv, sondern gleich den aus diesem Motiv bestehenden Streifen abgebildet.

```
procedure LEO2;
begin
   LEO1_L; RECHTS(180);
   LEO1_R; RECHTS(180);
end;


procedure LEO3;
begin
   LEO1_L;
   LEO1_R;
end;


procedure LEO4;
begin
   LEO1_L;RECHTS(180);
   LEO1_L;RECHTS(180);
end;


procedure LEO5;
begin
   LEO3;RECHTS(180);
   LEO3;RECHTS(180);
end;


procedure LEO6;
begin
   LEO_L;SCHUB_R(30);RECHTS(180);
   LEO_R;SCHUB_R(30);RECHTS(180);
end;


procedure LEO7;
begin
   LEO3;SCHUB_R(30);RECHTS(180);
   LEO3;SCHUB_R(30);RECHTS(180);
end;
```

6.4 Brüstungen wie in St. Leonhard in Frankfurt

Die Prozedur *LEO6* zeigt, daß der eingangs abgebildete Ausschnitt des Maßwerks auf der Emporenbrüstung in St. Leonhard durch Schubspiegelung aus dem Motiv hervorgeht. Nebenbei sind in diesem System drei verschiedene Vierpaßornamente und ein weiteres Fischblasenornament (ein Zweischneuss) aus demselben Motiv entstanden.

Um zu zeigen, daß damit die Möglichkeiten dieses Motivs noch nicht ausgeschöpft sind, will ich noch eine Variante von *LEO4* vorführen.

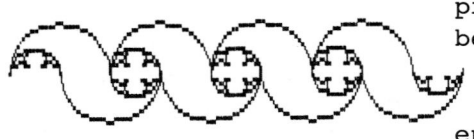

```
procedure LEO4_R;
begin
   LEO1_L;SCHUB_R(30);RECHTS(180);
   LEO1_L;SCHUB_R(30);RECHTS(180);
end;
```

Ein Vorschlag zur Bildschirmaufteilung:

```
program LEONHARD;
uses
   Graph;
   (*$I BOGEN.PRC*)
   (*$I BAND.PRC*)

(*Hauptprogramm*)

begin
   GRAFIKEIN;
   SCHUB_V(140);
   LEO2;    SCHUB_Z(60);
   LEO4;    SCHUB_Z(60);
   LEO5;    SCHUB_Z(60);
   LEO6;    SCHUB_Z(60);
   LEO7;    SCHUB_Z(60);
   GRAFIKAUS;
end.
```

6.5 Eine Galerie wie auf der Nicolaikirche in Frankfurt

Um die West- und Nordseite des Walmdaches auf der Nicolaikirche in Frankfurt zieht sich ein Gang, der, ähnlich wie die Empore von St. Leonhard, von einer Brüstung mit reichen Maßwerk begrenzt ist. Die Galerie wurde 1467 unter Leitung des Meisters Bartholomäus von Schopfheim ausgeführt.

Es handelt sich um ein Bandornament, dessen Motiv zur Querachse symmetrisch ist und deshalb dem dritten von Breidenbachs Bandornamenttypen zuzuordnen wäre. Jede symmetrische Motivhälfte besteht aus vier Fischblasen, die um einen Dreipaß angeordnet sind. Wie beim Bandornament der Leonhardskirche lassen sich auch hier Grundmotive herauslösen und wieder zu neuen Formen zusammensetzen. Ich will mich hier aber auf die Beschreibung dieses einen Bandornaments beschränken.

Das wichtigste Grundmotiv der Galerie ist eine Fischblasenform und ihr Spiegelbild, von mir *NICOFISCH_L* und *NICOFISCH_R* genannt. Ein Nicofisch besteht aus einer gekrümmten V-Form und einem *NONNENKOPF*.

6.5.1 Eine erste Konstruktionsprozedur

Die Breite des Nonnenkopfes habe ich in der Prozedur *NICOMASSE* willkürlich auf ein Achtel der gesamten Motivbreite festgelegt und für spätere Verwendung der vorher definierten globalen Variablen *B_Mass* zugewiesen. Die Festlegung des Nonnenkopf-Höhenmaßes (*H_Mass*) läßt sich dann aber nicht mehr willkürlich vornehmen. Von seiner richtigen Wahl hängt die ganze Aufteilung des Motivs ab, auch der Radius des Dreipasses und die Radien der den Dreipaß umschließenden V-Form. Deshalb muß er sorgfältig ermittelt werden.

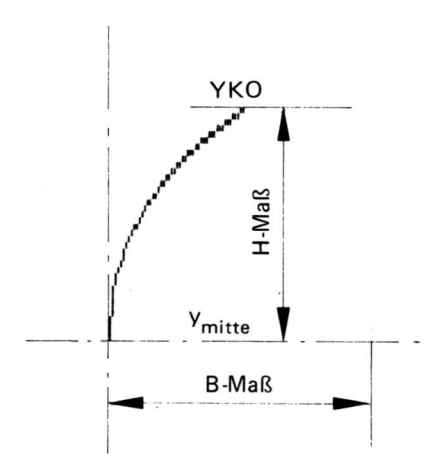

Selbstverständlich ergibt sich die Nonnenkopfhöhe mathematisch als Höhe im gleichseitigen Dreieck, also B_Mass/2 × $\sqrt{3}$. Wer will, kann so vorgehen. Wer aber Rücksicht darauf nehmen will, daß dieser mathematische Zusammenhang dem mittelalterlichen Baumeister wohl "kaum bewußt gewesen sein dürfte" (s. S. 10), dem schlage ich vor, das Maß durch "Erfahrung" des Cursors finden zu lassen.

Dazu lassen wir den Cursor im Spitzbogen mit *BOGEN_R(60,B_Mass)* aufsteigen. An der Spitze angekommen, betätigen wir den "Höhenmesser" (YKO) und ziehen die "Normalhöhe" (*Ymitte*) ab. Und schon müßten wir sie haben, die Nonnenkopfhöhe (*H_Mass*).

Diese Technik hat aber leider noch einen Mangel: Im *STIFT.PRC*-Paket der Seite 19 ist eine "Schönheitskorrektur" vorgenommen worden, damit z.B. Kreise auf dem Bildschirm nicht oval aussehen. Der Befehl *GetAspectRatio(Xaspect,Yaspect)* hat die Verhältniszahl der optischen Verzerrung des Bildschirms ermittelt. Durch Multiplikation der Y-Koordinate (YKO) mit der Verhältniszahl (Korrektur) in der Prozedur *VORWAERTS* ist die Verzerrung neutralisiert worden. Erst dadurch erscheinen Kreise rund und Quadrate quadratisch, d.h. ihre Breite und ihre Höhe erscheinen gleich lang. Jetzt aber ist ihr Zahlenwert verzerrt. Der Preis für diese Schönheitskorrektur ist, daß die Einheiten auf der X-Achse und die Einheiten auf der Y-Achse jetzt nicht mehr im Zahlenverhältnis 1 zu 1 stehen.

Um Brauchbarkeit für konstruktive Ermittlung von Maßzahlen wiederzugewinnen, schalten wir bei Such-Prozeduren wie *NICOMASSE* vorübergehend den optischen "Korrektur"-Faktor auf das Zahlenverhältnis 1/1 zurück. Nach getaner Maßarbeit geben wir ihm durch Zuweisung von *Xaspect/Yaspect* wieder seine optische Korrekturwirkung.

```
Var H_Mass,B_Mass:real;

procedure NICOMASSE(Motivbreite:real);
begin
            STIFTHOCH; MITTE;
  B_Mass  := Motivbreite/8;
  Korrektur:=1/1;
            BOGEN_R(60,B_Mass);
  H_Mass  := Abs(YKO-Ymitte);
            MITTE;    STIFTAB;
  Korrektur:=Xaspect/Yaspect;
end;
```

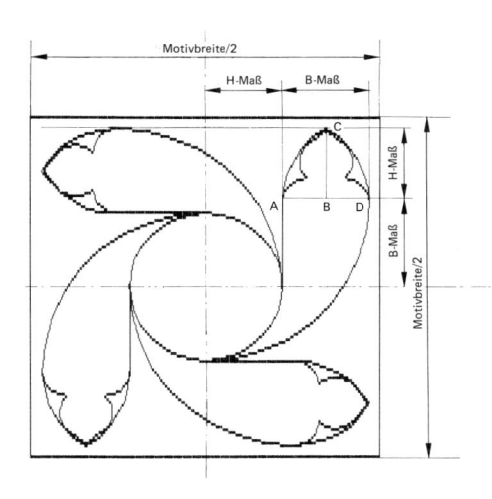

6.5.2 Das Galerieprogramm

Stimmt das Verhältnis zwischen *B_Mass* und *H_Mass*, dann passen vier solcher Fischblasen in einen quadratischen Umriß. Z.B. *NICOFISCH_L (100,100);*

```
procedure NICOFISCH_R(B_Mass,H_Mass:real);
begin
    SCHUB_Z    (H_Mass);           LINKS(90);
    BOGEN_R(90,H_Mass);
    VORWAERTS  (B_Mass);
    SCHUB_L    (B_Mass/2);
    NONNENKOPF(B_Mass);
    SCHUB_L    (B_Mass/2);         LINKS(180);
    BOGEN_L(90,B_Mass+H_Mass); LINKS(90);
    SCHUB_V    (H_Mass);
end;

procedure NICOFISCH_L(B_Mass,H_Mass:real);
begin
    SCHUB_Z    (H_Mass);           RECHTS(90);
    BOGEN_L(90,H_Mass);
    VORWAERTS  (B_Mass);
    SCHUB_R    (B_Mass/2);
    NONNENKOPF(B_Mass);
    SCHUB_R    (B_Mass/2);         LINKS(180);
    BOGEN_R(90,B_Mass+H_Mass); RECHTS(90);
    SCHUB_V    (H_Mass);
end;
```

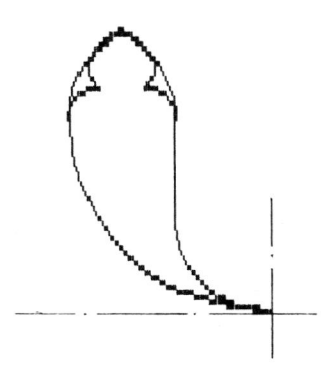

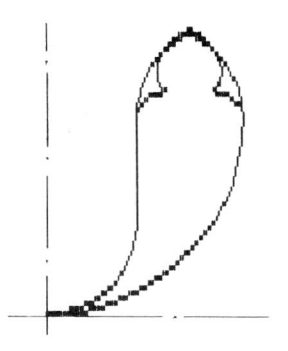

6.5 Eine Galerie wie auf der Nicolaikirche in Frankfurt

Die übrigen Prozeduren erklären sich weitgehend selbst. *NICO_L* und sein Spiegelbild *NICO_R* bauen zusammen das Motiv *NICO* auf, das über *MOTIV-WAHL* bzw. *BAND* aufgerufen werden kann. Das geschieht in der Aufrufprozedur *NICOLAI1*.

```
program NICOLAI;
uses
    Graph;
    (*$I BOGEN.PRC*)
    (*$I BAND.PRC*)
.
.
.
(*Hauptprogramm*)
begin
    GRAFIKEIN;
    NICOLAI1(300,2);
    GRAFIKAUS;
end.

procedure NICO_L(B_Mass,H_Mass:real);
Var Zaehler:integer;
begin
    for Zaehler:=1 to 4 do
        begin
            NICOFISCH_L(B_Mass,H_Mass);
            LINKS(90);
        end;
        DREIPASS1_(H_Mass*0.7);
        QUADRAT_M (B_Mass*4);
end;

procedure NICO_R(B_Mass;H_Mass:real);
Var Zaehler:integer;
begin
    for Zaehler:=1 to 4 do
        begin
            NICOFISCH_R(B_Mass,H_Mass);
            RECHTS(90);
        end;
        DREIPASS1_(H_Mass*0.7);
        QUADRAT_M (B_Mass*4);
end;
```

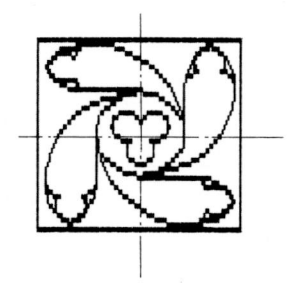

```
procedure NICO(B_Mass:real);
begin
   SCHUB_L(B_Mass*2);
   NICO_L (B_Mass,H_Mass);
   SCHUB_R(B_Mass*4);
   NICO_R (B_Mass,H_Mass);
   SCHUB_L(B_Mass*2);
end;

procedure MOTIVWAHL(Form:string;Mass:real);
begin
   if Form= 'nico' then NICO(Mass);
end;

procedure NICOLAI1(Motivbreite:real;Zahl:integer);
begin
   NICOMASSE(Motivbreite);
   BAND ('nico',B_Mass,Motivbreite,Zahl);
end;
```

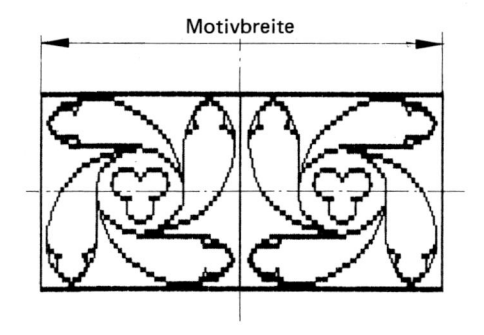

6.5 Eine Galerie wie auf der Nicolaikirche in Frankfurt

7. Maßwerkfenster und ein Flammengiebel

Der Kunsthistoriker Möbius ist der Meinung, daß das Fenstermaßwerk der frühen Kathedralen "unheilabwehrende Bedeutung" besaß: "Es war den Zeitgenossen ein selbstverständlicher Gedanke, daß die Dämonen, wenn sie ihre heimtückischen Angriffe gegen das Gottesreich flogen, die Einfluglöcher der Fenster benützten". Aber die Bauleute des 13. Jahrhunderts wußten, wie man diese "Mächte der Finsternis" fernhält. Sie "…wußten, daß ornamental besetzte Fenster Unheil abwehren." (24)

7.1 Fenster und Gewände

Spitzbogen, Rundbogen, Kleeblattbogen, Kielbogen und Nonnenkopf wurden bisher noch nicht in ihrer ursprünglichen Funktion als Abschluß eines rechteckigen Fensters eingesetzt. Das soll hier nachgeholt werden. Je nachdem welches Schlüsselwort eingegeben wird, setzt die Prozedur *FENSTER* jeden Fensterabschluß aus dem Katalog *FORMWAHL* auf den *FENSTERRAHMEN*. Aufruf z.B. mit *FENSTER('blattbogen',50,150);*

```
procedure FENSTERRAHMEN(Breite,Hoehe:real);
begin
                                        LINKS (90);
   VORWAERTS(Breite/2);                 RECHTS(90);
   VORWAERTS(Hoehe);    SCHUB_R(Breite); RECHTS(180);
   VORWAERTS(Hoehe);                    RECHTS(90);
   VORWAERTS(Breite/2);                 RECHTS(90);
end;
procedure FENSTER(Form:string;Breite,Hoehe:real);
begin
   FENSTERRAHMEN(Breite,Hoehe);
   SCHUB_V                 (Hoehe);
   FORMWAHL(Form,Breite);
   SCHUB_Z                 (Hoehe);
end;
```

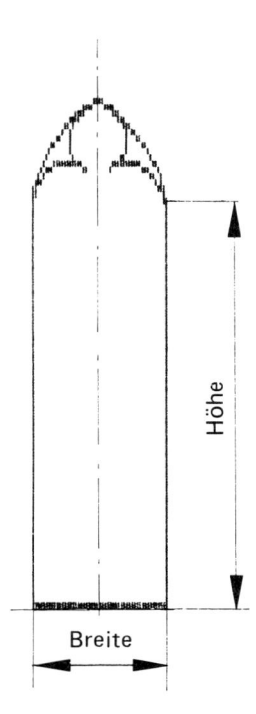

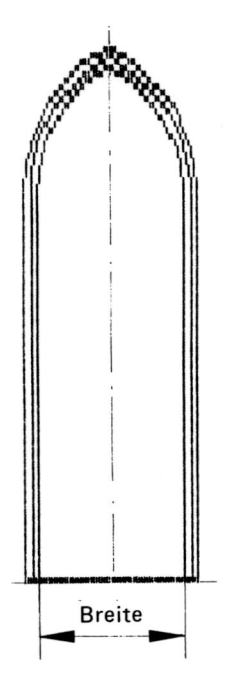

Fülle erhält das Fenster, wenn wir die Fensterprozedur in die Prozedur GEWAENDE einbinden: z.B. GEWAENDE('spitz',50,150,3);

```
procedure GEWAENDE(Form:string;Breite,Hoehe:real;
                   Zahl:integer);
var Zaehler:integer;
begin
    for Zaehler :=1 to Zahl do
        begin
            FENSTER(Form,Breite*(1+Zaehler*0.1),Hoehe);
        end;
end;
```

7.2 Arkaden

Der Kunsthistoriker Möbius behauptet, eine Arkadenreihe habe im Mittelalter als "allgemeines Zeichen für Kirche" gegolten (25). Jedenfalls erzeugt die Prozedur *ARKADE1* Fensterreihen mit wählbarer Bogenform:

z.B.: *ARKADE1 ('spitz',100,60,4);*

```
procedure ARKADE1(Form:string;Hoehe,Schub:real;
                  Zahl:integer);
Var Zaehler:integer;
begin
    for Zaehler:=1 to Zahl do
        begin
            FENSTER(Form,Schub*0.8,Hoehe);
            SCHUB_R      (Schub);
        end;
end;
```

7. Maßwerkfenster und ein Flammengiebel

Dadurch, daß die Prozedur *ARKADE1* mit dem Faktor 0.8 die Fenster kleiner macht als den Verschiebungsabstand (Schub), entsteht eine Lücke zwischen den Fenstern, die als Säule gedeutet werden kann. Die Prozedur *ARKADE* sorgt dafür, daß Start- und Zielpunkt des Cursors die Figurmitte ist:
z.B.: *ARKADE*('spitz',100,60,4);

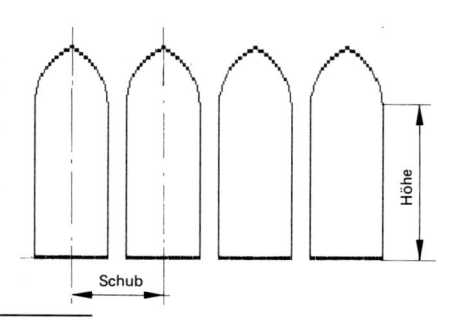

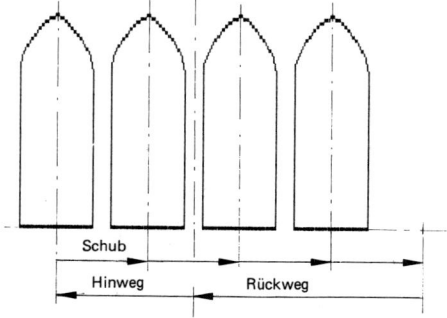

```
procedure ARKADE(Form:string;Hoehe,Schub:real;
                 Zahl:integer);
begin
   SCHUB_L((Zahl-1)*(Schub/2));
   ARKADE1 (Form,Hoehe,Schub,Zahl);
   SCHUB_L((Zahl+1)*(Schub/2));
end;
```

7.3 Fensterflügel

Das folgende einfache Maßwerkfenster enthält einen Vierpaß und zwei Nonnenköpfe.

Die Prozedur *FENSTER* gibt die äußere Form vor. Dann wird der *VIERPASS* in die gewünschte Höhe gebracht. Statt zwei Nonnenköpfe aufzurufen und zu plazieren, habe ich die Arkadenprozedur verwendet:

```
procedure FLUEGEL(Breite,Hoehe:real);
begin
   FENSTER('spitz',Breite,Hoehe);
   SCHUB_V   (Hoehe+Breite*0.55);
   VIERPASS         (Breite*0.22);
   SCHUB_Z   (Hoehe+Breite*0.55);
   ARKADE('nonnenkopf',Hoehe,Breite/2, 2);
end;
```

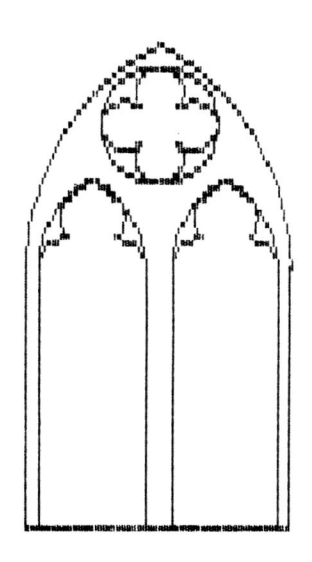

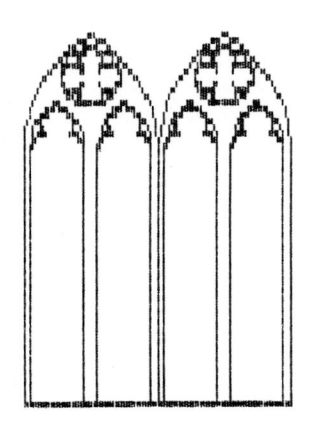

Die Prozedur für ein *FLUEGELPAAR* hat, wenn es auf den ersten Blick auch nicht gleich auffällt, den gleichen Aufbau wie die Arkadenprozedur, nur ist die Zahl der Teile auf zwei festgelegt:

```
procedure FLUEGELPAAR(Breite,Hoehe:real);
var Zaehler:integer;
begin
    SCHUB_L(Breite/4);
    for Zaehler :=1 to 2 do
        begin
            FLUEGEL(Breite/2, Hoehe);
            SCHUB_R(Breite/2);
        end;
    SCHUB_L(Breite*3/4);
end;
```

Alle Fensterprozeduren dieses Kapitels sollten in einem neuen Prozedurenpaket (*FENSTER.PRC*) bewahrt werden, damit bei der weiteren Arbeit jederzeit auf sie zurückgegriffen werden kann.

7.4 Ein Maßwerkfenster wie in Altenberg

Wenn man sich einmal an seinem eigenen Wohnort umsieht, findet man sicher einfache Maßwerkfenster, die sich inzwischen ohne Anleitung programmieren lassen. Ich möchte dennoch als Anregung weitere Beispiele vorstellen.

Mein erstes Programmbeispiel soll ein Maßwerkfenster aus der ehemaligen Zisterzienserabteikirche in Altenberg beschreiben. Es ist in der ersten Hälfte des 14. Jahrhunderts entstanden und aus Formen aufgebaut, die wir bereits programmiert haben. Die Einzelformen müssen nur noch ins rechte Größenverhältnis zueinander gebracht und richtig angeordnet werden.

Die Prozedur *ALTENBERG1* wiederholt noch einmal den Aufbau von *FLUEGEL*. Hier haben wir aber das *FLUEGELPAAR* statt des Nonnenkopfpaares und ein *VIERBLATT* statt des Vierpasses.

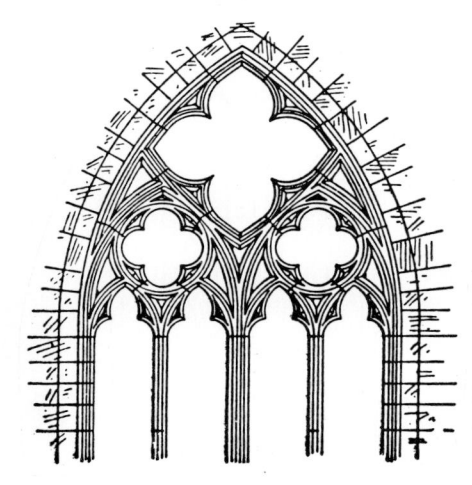

Damit ist der wichtigste Teil der Programmierung schon erledigt. Die Prozedur *ALTENBERG* legt darüber hinaus nur noch die Maße fest und teilt den Platz auf dem Bildschirm zu.

```
program ALTENBERG;
uses GRAPH;
     (*$I BOGEN.PRC*)
     (*$I FENSTER.PRC*)

procedure ALTENBERG1(Breite,Hoehe:real);
begin
    GEWAENDE('spitz',Breite,Hoehe,2);
    FLUEGELPAAR     (Breite,Hoehe);
    SCHUB_V    (Hoehe+Breite*0.6);
    VIERBLATT1     (Breite*0.68);
    SCHUB_Z    (Hoehe+Breite*0.6);
end;

(*Hauptprogramm*)
begin
    GRAFIKEIN;
    SCHUB_Z    (120);
    ALTENBERG1(150,150);
    SCHUB_V    (120);
    GRAFIKAUS;
end.
```

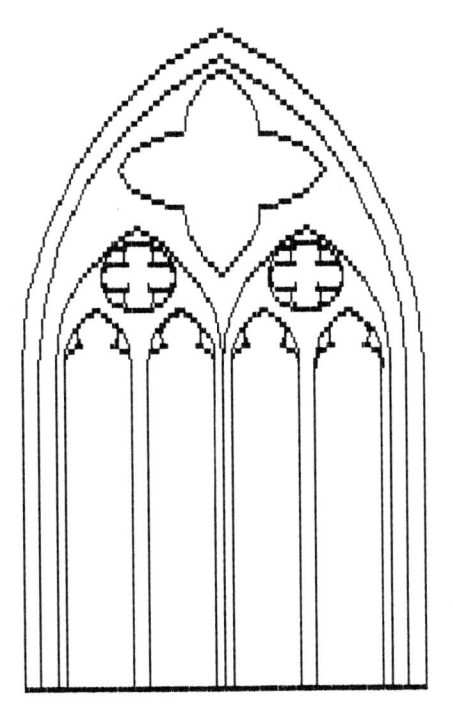

7.5 Maßwerkfenster mit Rosen nach Augenmaß

Es gibt Maßwerkfenster, die unser ganzes Formen- und Hilfsprozedurenrepertoire erfordern. Hier aber sollen zunächst noch zwei Maßwerkfenster vorgestellt werden, die ohne Dreieckskonstruktionen und sogar ohne *KRANZ*-Prozedur auskommen.

Beide Maßwerkfenster stammen aus der Mitte des 14. Jahrhunderts. Das erste ist in der Marienkirche von Herford, das zweite im Nordquerhaus des Frankfurter Doms wiederzufinden.

```
program HERFORD;
uses GRAPH;
     (*$I BOGEN.PRC*)
     (*$I FENSTER.PRC*)
procedure HERFORD_ROSE(Radius:real);
var Zaehler:integer;
begin
   KREIS(Radius);
   RECHTS(60);
   for Zaehler:=1 to 3 do
      begin
         SCHUB_V    (Radius*0.2);
         DREIBLATT_(Radius*0.8);
         SCHUB_Z    (Radius*0.2);
         RECHTS(120);
      end;
   LINKS(60);
   for Zaehler:=1 to 3 do
      begin
         SCHUB_V    (Radius*0.7);
         VIERPASS   (Radius*0.3);
         SCHUB_Z    (Radius*0.7);
         RECHTS(120);
      end;
   DREIPASS1(Radius*0.3);
end;

procedure HERFORD1(Breite,Hoehe:real);
begin
   GEWAENDE('spitz',Breite,Hoehe,2);
   FLUEGELPAAR      (Breite,Hoehe);
   SCHUB_V     (Hoehe+Breite*0.6);
   HERFORD_ROSE     (Breite*0.25);
   SCHUB_Z     (Hoehe+Breite*0.6);
end;

(*Hauptprogramm*)
begin
   GRAFIKEIN;
   SCHUB_Z (150);
   HERFORD1(150,150);
   SCHUB_V (150);
   GRAFIKAUS;
end.
```

7. Maßwerkfenster und ein Flammengiebel

```
program FRANKFURT;
uses GRAPH;
     (*$I BOGEN.PRC*)
     (*$I FENSTER.PRC*)

procedure FRANKFURT_ROSE(Radius:real);
var Zaehler:integer;
begin
   KREIS(Radius);
   RECHTS(45);
   for Zaehler:=1 to 4 do
      begin
         SCHUB_V   (Radius*0.1);
         DREIBLATT_(Radius*0.9);
         SCHUB_Z   (Radius*0.1); RECHTS(90);
      end;
   LINKS(45);
end;

procedure FRANKFURT1(Breite,Hoehe:real);
begin
   GEWAENDE('spitz',Breite,Hoehe,2);
   FLUEGELPAAR     (Breite,Hoehe);
   SCHUB_V   (Hoehe+Breite*0.6);
   FRANKFURT_ROSE  (Breite*0.25);
   SCHUB_Z   (Hoehe+Breite*0.6);
end;

(*Hauptprogramm*)
begin
   GRAFIKEIN;
   SCHUB_Z   (150);
   FRANKFURT1(150,150);
   SCHUB_V   (150);
   GRAFIKAUS;
end.
```

7.5 Maßwerkfenster mit Rosen nach Augenmaß

7.6 Eine rekursive Maßwerkprozedur

Wie schon die rekursive Tympanonprozedur (Kapitel 3.5) kommt auch diese rekursive Maßwerkprozedur mit extrem wenig Hilfsprozeduren aus. Benötigt werden lediglich:
- die *BOGEN_R*-Prozedur
- die Prozedur *SCHUB_R* und
- die *SPITZBOGEN1*_Prozedur.

Die die kleine Prozedur *STAFFEL1* schachtelt damit Spitzbogen ineinander.

Das Besondere dieser Grafik liegt noch weniger als bei den bisherigen Grafiken im Ergebnis als vielmehr im Entstehungsprozeß: Die Prozedur ist eine verzweigte Rekursion mit zweimaligem Selbstaufruf. Ihre Arbeitsweise ist aus dem nachfolgenden verkürzten Protokoll abzulesen.
Der Cursor zeichnet zuerst einen Spitzbogen und setzt dann auf den Ausgangspunkt zurück. Der erste Selbstaufruf durch die Zeile *STAFFEL1(Radius/2, Minimum);* bildet das Tor zu einer neuen, tieferen Ebene, auf der das Gleiche mit halbiertem Radius (Radius/2) abläuft. Im unten dargestellten Beispiel errichtet der Cursor auf drei Ebenen einen (den linken) Spitzbogen, ehe die Verzweigungsbedingung erfüllt wird, d.h. ehe der Radius kleiner geworden ist als die Abbruchzahl "Minimum". Dann erreicht er die unterste (vierte) Ebene. Anstatt einen halb so großen Bogen zu zeichnen, setzt er jetzt um den halben Bogenradius nach rechts und kehrt zurück, um die Prozedur beim zweiten Selbstaufruf der vierten Ebene fortzusetzen. Er erfüllt noch einmal die Verzweigungsbedingung, setzt nach rechts, kehrt zurück zur dritten Ebene und fährt dort mit dem zweiten Selbstaufruf fort. Das erste gleichgroße Bogenpaar kommt zustande. Danach steigt der Cursor wieder zweimal in die vierte Ebene hinab, wo er wieder jeweils nur nach rechts setzt. Das bringt ihn in die Mitte der Gesamtfigur und zurück auf die zweite Ebene. Ab 1.2 wird der bisherige Ablauf von 1.1 an wiederholt.

```
program STAFFEL;
uses Graph;
      (*$I BOGEN.PRC*)

procedure STAFFEL1(Radius,Minimum:real);
begin
   if Radius < Minimum then
                            begin
                              SCHUB_R(Radius);
                              exit;
                            end
                       else
                            begin
                              SPITZBOGEN1(Radius);
                              SCHUB_L(Radius);
                            end;
   STAFFEL1(Radius/2, Minimum);
   STAFFEL1(Radius/2, Minimum);
end;

(*Hauptprogramm*)
begin
   GRAFIKEIN;
   STAFFEL1(300,20);
   GRAFIKAUS;
end.
```

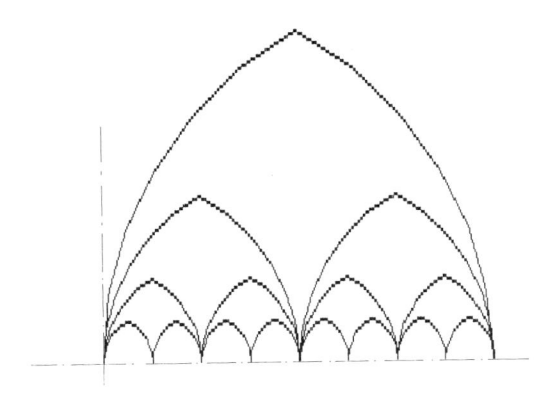

7.6 Eine rekursive Maßwerkprozedur

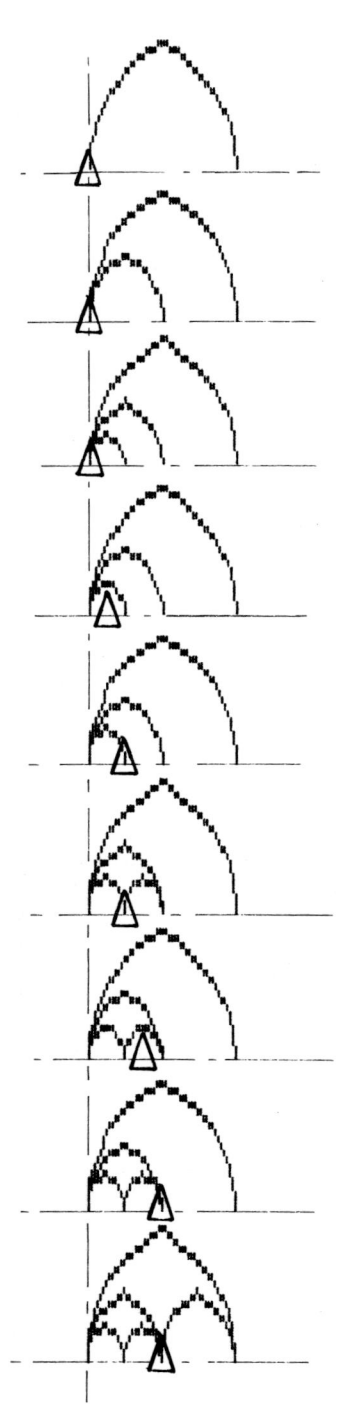

```
Verkuerztes Protokoll fuer
  STAFFEL1(150,   30);
1. STAFFEL1(150,   30);
         150 < 30 (falsch, deshalb:)
         SPITZBOGEN1(150);SCHUB_L(150);
1.1.STAFFEL1(75,   30);
         75 < 30 (falsch, deshalb:)
         SPITZBOGEN1(75);SCHUB_L(75);
1.1.1.STAFFEL1(37.5,   30);
         37.5 < 30 (falsch, deshalb:)
         SPITZBOGEN1(37.5);SCHUB_L(37.5);
1.1.1.1.STAFFEL1(18.75,   30);
         18.75 < 30 (richtig, deshalb:)
         SCHUB_R(18.75);
1.1.1.2.STAFFEL2(18.75,   30);
         18.75 < 30 (richtig, deshalb:)
         SCHUB_R(18.75);
1.1.2.STAFFEL1(37.5,   30);
         37.5 < 30 (falsch, deshalb:)
         SPITZBOGEN1(37.7);SCHUB_L(37.5);
1.1.2.1.STAFFEL1(18.75,   30);
         18.75 < 30 (richtig, deshalb:)
         (SCHUB_R(18.75);
1.1.2.2.STAFFEL1(18.75,   30);
         18.75 < 30 (richtig, deshalb:)
         SCHUB_R(18.75);
1.2.STAFFEL1(75,   30);
 .
 .
 .
```

7. Maßwerkfenster und ein Flammengiebel

7.7 Ein Flamboyant-Giebeldreieck wie in Vendôme

Als Endstufe der gotischen Kunst bildet sich im 15. und 16. Jahrhundert in England und in Frankreich der Flamboyant-Stil aus. Er hat seinen Namen von dem Dekor, das zunehmend an Selbständigkeit gewinnt und flammenförmig die Baukörper überzieht. Seine Hauptbestandteile sind der Kielbogen und die Fischblase.

Als Abschluß der Programmierarbeit im 2. Teil dieses Buches sollen die Ornamentbandprozeduren in die Höhe wachsen und eine ganze Giebelfläche ausfüllen. Eine vereinfachte Version der Fassadendekoration in Vendôme aus dem 15. Jahrhundert soll einen dreieckigen Rahmen erhalten. Die anschauliche Maßbestimmung für das Rahmen-Dreieck bereitet auch die Konstruktionsprozeduren im 3. Teil dieses Buches vor. Anregung dazu habe ich im schon erwähnten Bauhüttenbuch gefunden.

7.7.1 Das Meßverfahren aus dem Bauhüttenbuch als Vorbild

Der Nachfolger des Architekten Villard de Honnecourt hat in dessen Bauhüttenbuch eine Skizze eingefügt, die beschreibt, wie ein Feldmesser die Breite eines Gewässers mißt, das er nicht überqueren kann. (26) Die Skizze zeigt ein primitives hölzernes Meßinstrument, mit dem ein Pflock am jenseitigen Ufer des Gewässers anvisiert ist. Man kann die beiden auf den Pflock zeigenden Schenkel des Gerätes an der Basis fixieren, das Gerät drehen und die beiden Schenkel durch Linien auf dem Boden verlängern. Der Schnittpunkt der Verlängerungen ist dann die dritte Ecke eines Dreiecks, dessen Seiten man bequem ausmessen kann, ohne nasse Füße zu bekommen.

7.7.2 Dreieckskonstruktionen

Wir werden die Programme jetzt weitgehender als bisher dazu befähigen, gesuchte Werte aus einem Ausgangswert abzuleiten. Wir wollen dabei der uns selbst auferlegten Beschränkung auf Grundrechenarten treu bleiben und unanschauliche Rechnungen durch praktische Dreieckskonstruktionen ersetzen, d.h. durch beobachtbare Aktionen und konkrete Suchprozeduren.

Bereits zu Anfang der Arbeit haben wir eine *DREIECK*-Prozedur erstellt. Anders als die Mathematik, die gerne vom Allgemeinen zum Besonderen voranschreitet, haben wir dort, die Möglichkeit zur Wiederholung ausnutzend, das besondere, gleichseitige Dreieck zuerst programmiert. Mit *DREIECK* (ohne Zusatz) war also das gleichseitige Dreieck gemeint. Das soll auch weiterhin gelten.

Ein Konstruktionsdreieck nach Feldmesserart

Wir waren auch schon nahe daran, ein gleichschenkliges Dreieck zu zeichnen. Bei der Prozedur *GLEICHSCHENKEL* (Kapitel 1.6.4) konnten wir allerdings feststellen, daß zwei gleiche Schenkel noch lange kein gleichschenkliges Dreieck ergeben. Eine geschlossene Dreiecksfigur entsteht mit dieser Prozedur höchstens ganz zufällig. Wenn die Grundseite und die Schenkellänge vorgegeben ist, kann der Basiswinkel offensichtlich nicht mehr willkürlich gewählt werden, sondern er muß auf die anderen Werte abgestimmt werden.

Zur Vereinfachung des Problems beschränken wir unsere Tätigkeit erst einmal auf das rechtwinkelige Teildreieck DBC eines gleichschenkligen Dreiecks. Seine beiden Katheten seien gegeben und die Hypotenuse und die Winkel seien gesucht.

Im rechtwinkligen Dreieck DBC können wir ohne Probleme den Cursor von D aus nach B steuern. Mit der Anweisung *AUFXY(Xmitte,Höhe);* könnten wir sogar von B aus die Hypotenuse ($\overline{BC}$) ergänzen. Aber dann würden uns die Zahlenwerte für die Winkel und die Schenkellänge fehlen. Sie stünden uns nicht für weitere Konstruktionen zur Verfügung.

Besser versetzen wir uns in die Lage des oben genannten Feldmessers, der einen Pflock bei C (am jenseitigen Ufer) anvisieren soll. Im Grundpaket haben wir für diesen Zweck die bisher noch ungenutzte Prozedur *PEILE*.

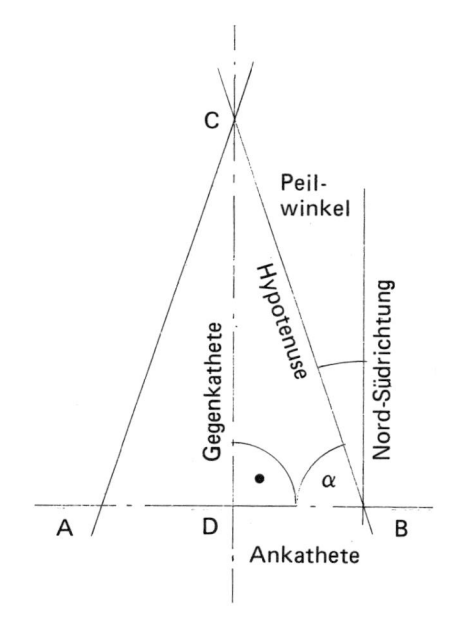

Wenn wir also Punkt C anpeilen, müßten wir den Peilwinkel gewinnen, der einzuschlagen ist, um auf C zu treffen, und wir könnten außerdem (durch Subtraktion von 90) den Winkel Alpha berechnen.

Bevor wir nun wirklich peilen, schreiben wir eine Prozedur, die dann den Weg vom Standort (B) bis zur Ziellinie abschreitet und ausmißt. Das heißt, diese Prozedur soll bewirken, daß der Cursor auf dem vorher schon eingeschlagenen Kurs weiter auf das Ziel zuläuft und anhält, wenn er bei der Ziellinie angekommen ist. Angekommen ist der Cursor, wenn seine momentane X-Koordinate also XKO der X-Koordinate des Zieles (Xzu) entspricht. Das muß vor jedem Schritt überprüft werden. Die Prozedur soll *ZULAUF* heißen.

```
Var    Weg:    real;
procedure ZULAUF(Xzu:real);
begin
   Korrektur:=1/1;
   repeat
   begin
      VORWAERTS(1);
      Weg:=Weg+1;
   end
   until  XKO <= Xzu;
   Korrektur:=Xaspect/Yaspect;
end;
```

Zur Warnung muß gesagt werden, daß die Prozedur *ZULAUF* ihre Ziellinie nur findet, wenn sie von der rechten Bildschirmseite aus nach links läuft und wenn die Ziellinie auch dort und nicht rechts von ihrem Startpunkt liegt! (Eine eigene Programmieraufgabe wäre es, die Möglichkeiten des Irrtums durch geeignete Abbruchbedingungen aufzufangen. In jedem Falle wird uns die Prozedur *ZULAUF* auch im dritten Teil dieses Buches noch gute Dienste leisten. Deshalb empfehle ich, sie als erste Prozedur eines neuen Prozedurenpakets mit dem Namen *MASS.PRC* zu bewahren.)

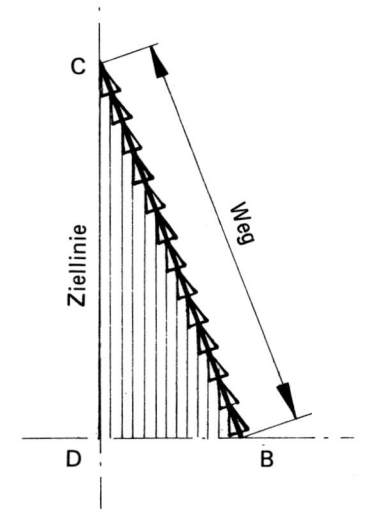

Mit unserer neuen Prozedur ZULAUF können wir eine Konstruktionsprozedur für rechtwinklige Dreiecke schreiben. Sie kann mehr als der Satz des Pythagoras: Sie findet bei Eingabe der beiden Katheten eines rechtwinkligen Dreiecks nicht nur die Länge der Hypotenuse, sondern auch den Wert des Winkels Alpha! Ohne unsere Feldmesserkünste müßten wir trigonometrische Funktionen (wie im Grundprozeduren-Paket) anwenden, um diesen Winkelwert zu gewinnen. Das wollen wir aber auch weiterhin vermeiden.

Noch ein Hinweis: Da diese Dreiecksprozedur nur als Hilfskonstruktion zur Ermittlung von Maßen gebraucht wird, unterliegt sie nicht der (bisher stillschweigend eingehaltenen) Forderung nach Ortsunabhängigkeit, sondern kann mit einer Ecke an die *MITTE* angekettet werden. Das vereinfacht ihre Programmierung.

```
Var
    Hypot,Alpha                  :real;
procedure HYPOTENUSE(Ankathete,Gegenkathete:real);
begin
            Weg:=0;         MITTE;     RECHTS(90);
            VORWAERTS(Ankathete);
            PEILE(Xmitte,Ymitte+Gegenkathete);
            LINKS(90+Peilwinkel);
    Alpha:= 90-Peilwinkel;
            ZULAUF(Xmitte);
    Hypot:= Weg;                          MITTE;
end;
```

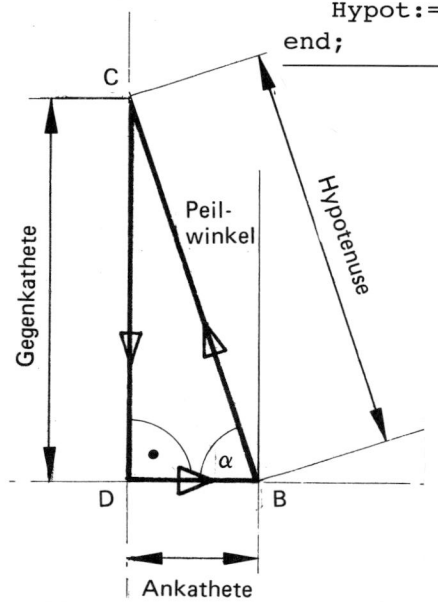

Konstruktion eines gleichschenkligen Dreiecks

Die Konstruktionsprozedur *HYPOTENUSE* löst das Problem, das wir mit der Prozedur *GLEICHSCHENKEL* hatten. Denn das rechtwinklige Dreieck, das die Prozedur *HYPOTENUSE* herstellt, läßt sich, wie gesagt, als Teildreieck eines gleichschenkligen Dreiecks auffassen. Wir können es als Konstruktionsdreieck verwenden, wenn wir als Ankathete den Wert der halben Basis und als Gegenkathete die Höhe des gleichseitigen Dreiecks eingeben. Dann liefert uns die Prozedur *HYPOTENUSE* die dazu passende Schenkellänge und den dazu passenden Basiswinkel für ein gleichschenkliges Dreieck.

```
procedure DREIECK_GLEICHSCHENKLIG(Grundseite,Hoehe:real);
begin
   MERKE_ORT;    STIFTHOCH;
   HYPOTENUSE    (Grundseite/2,Hoehe);
   AUF_ORT;      STIFTAB;
   GLEICHSCHENKEL(Grundseite,Hypot,Alpha);
end;
```

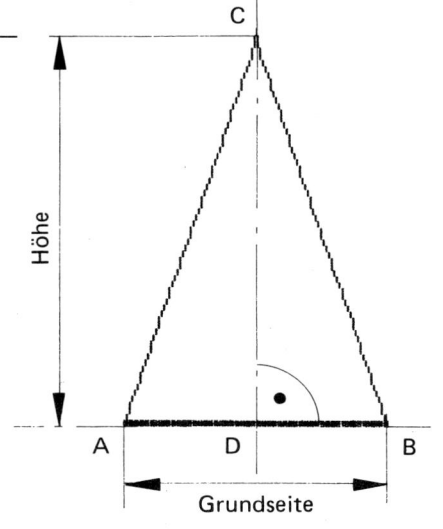

7.7.3 Das Giebelprogramm

Das Hauptprogramm

Mit der Kielbogen-Form und einer einfachen S- oder Zungenform läßt sich ein Flammenmotiv entwickeln, das entfernte Ähnlichkeit mit einem Giebeldreieck an der Westfront der Kirche St. Trinité (14.-15. Jh.) in Vendôme/Loir-et-Cher (Frankreich) hat.

Um diesen Giebel zu errichten, brauchen wir eine Prozedur, die uns Kielbogen bzw. Zungen übereinanderschichtet. Ich will sie *BAUM* nennen. Außerdem müssen die Maße dafür aus der Basisbreite und der Anzahl der Motive in der Basis abgeleitet werden. Und schließlich braucht das Ganze noch einen gleichschenkligen dreieckigen Rahmen. Diese Aufgaben sind unschwer im Programm abzulesen. Der Vereinbarungsteil ist diesmal etwas umfangreicher.

Die Hierarchie:

```
FORMWAHL     ZUNGE
    ↑         ↗
MOTIVWAHL   ZULAUF
    ↑         ↑
 BAND     HYPOTENUSE      GLEICHSCHENKLIG
    ↑       ↑      ↖        ↗
 BAUM   VENDOMEMASSE   DREIECK-GLEICHSCHENKLIG
     ↖       ↑        ↗
          VENDOME1
             ↑
          VENDOME
```

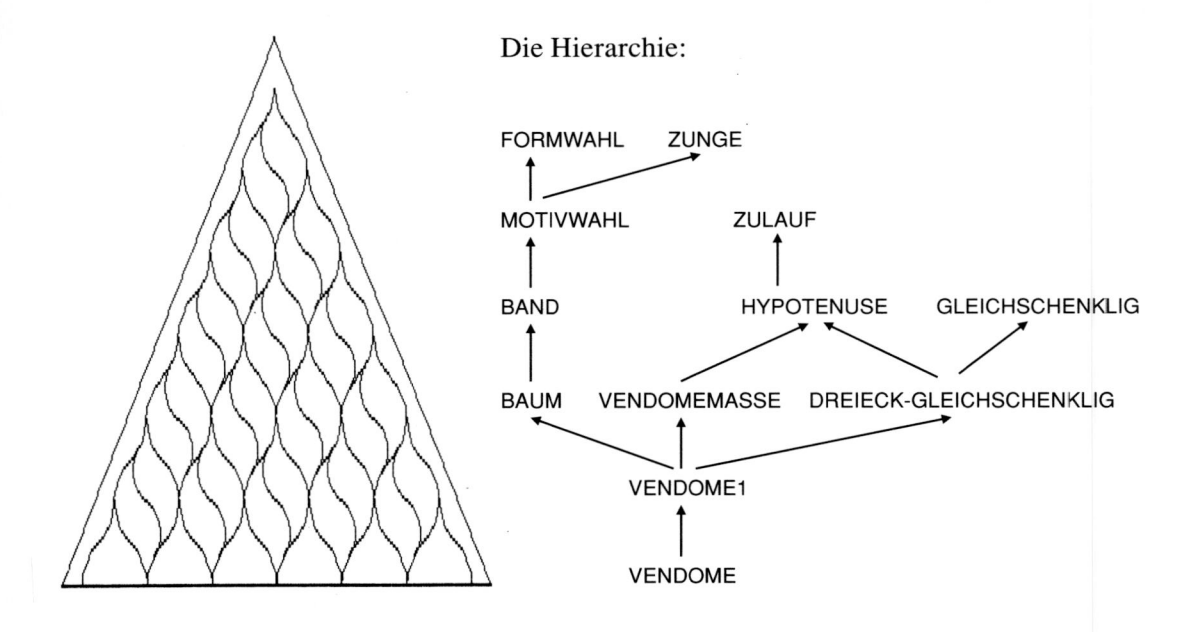

```
program VENDOME;
uses
   Graph;
   (*$I MASS.PRC*)
   (*$I BAND.PRC*)
Var
    Hypot,Alpha                 :real;
    Zungenradius                :real;
    H_Mass,B_Mass,Gesamthoehe   :real;

   .
   .
   .

procedure VENDOME1(Breite:real;Zahl:integer);
begin
    VENDOMEMASSE(Breite,Zahl);
    BAUM('kiel', B_Mass,H_Mass,Zahl);
    BAUM('zunge',B_Mass,H_Mass,Zahl-1);
    DREIECK_GLEICHSCHENKLIG(Breite*1.1, Gesamthoehe*1.1);
end;
```

7. Maßwerkfenster und ein Flammengiebel

```
(*Hauptprogramm*)
begin
   GRAFIKEIN;
   SCHUB_Z (130);
   VENDOME1(300,6);
   GRAFIKAUS;
end.
```

Eine "Baum"-Prozedur

Die Prozedur *DREIECK_GLEICHSCHENKLIG* können wir fertig aus den vorausgehenden Abschnitten übernehmen. Die *BAUM*-Prozedur soll das Dreieck mit Bandornamenten ausfüllen. Sie verlangt als Eingabe das Stichwort für eine Einzelform aus der Prozedur *MOTIVWAHL* bzw. *FORMWAHL*, die Breite und Höhe der Einzelform und die gewünschte Anzahl der Einzelformen an der Basis.

Die Wiederholschleife vermindert diesmal den Zählerinhalt. Das heißt, wenn eine Reihe Einzelformen gezeichnet ist, setzt die Prozedur den Cursor um die eingegebene Höhe nach oben und zeichnet einen Teil weniger als in der vorausgehenden Reihe. Das geht so lange bis der Zähler auf 1 (*down to 1*) heruntergezählt hat.

Zuletzt holt die Prozedur den Cursor in die Mitte der Standlinie des Baumes zurück. Aufruf z.B. mit *BAUM ('rund',20,50,3);*

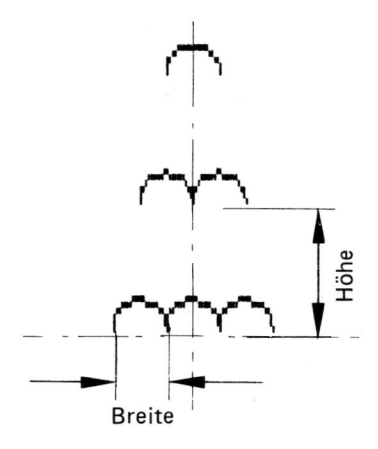

```
procedure BAUM(Form:string;Breite,Hoehe:real;
               Zahl:integer);
var Zaehler:integer;
begin
   for Zaehler:=Zahl downto 1 do
     begin
        BAND(Form,Breite,Breite,Zaehler);
        SCHUB_V(Hoehe);
     end;
   SCHUB_Z(Hoehe*Zahl);
end;
```

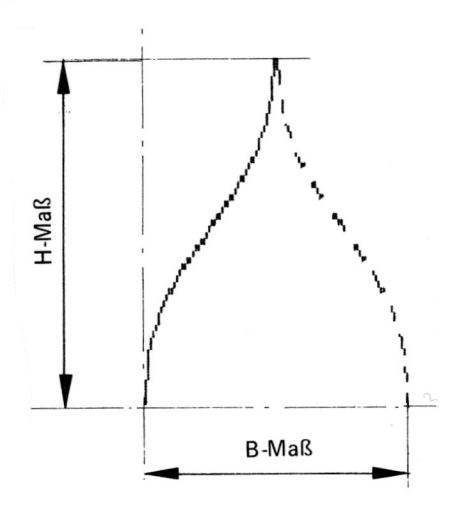

Die Maße für Vendôme

Anders als bei dem vorherigen Beispiel sollten beim Flammengiebel die Bandornamente direkt übereinanderpassen. Um das zu ermöglichen, muß im Nachhinein die Höhe der Kielbogen gefunden werden. Dieses Problem ist wieder am leichtesten dadurch zu lösen, daß man die Hälfte eines Kielbogens zeichnet und dann die Höhe mißt, wie wir das bereits beim Nonnenkopf (Kapitel 6.5.1) mit Erfolg praktiziert haben.

Die Prozedur *VENDOMEMASSE* ermittelt außerdem die Gesamthöhe aus der Kielbogenhöhe (H_Mass) und einen brauchbaren Wert für den Radius der Zungen, die in die Kielbogen eingepaßt werden sollen.

Wie das letztere geschieht, ist aus der rechts stehenden Abbildung ersichtlich. Die darin eingezeichnete Strecke $\overline{AB}$ entspricht dem Zungenradius. Sie ist Hypotenuse im rechtwinkligen Dreieck ABC, dessen Katheten halb so lang sind wie die Kielbogenbreite (*B_Mass*).

Die Ergebnisse werden jeweils wieder globalen Variablen zugewiesen.

```
procedure VENDOMEMASSE(Breite:real;Zahl:integer);
begin
                        MERKE_ORT; STIFTHOCH; MITTE;
        B_Mass        := Breite/Zahl;
        Korrektur:=1/1;
                        BOGEN_R(41,B_Mass);
                        BOGEN_L(41,B_Mass);
        H_Mass        := Ymitte-YKO;
        Korrektur:=Xaspekt/Yaspekt;
        Gesamthoehe   := H_Mass*Zahl;
                        HYPOTENUSE(B_Mass/2,B_Mass/2);
        Zungenradius:= Hypot;
                        AUF_ORT;   STIFTAB;
end;
```

7. Maßwerkfenster und ein Flammengiebel

Das Motiv "Zunge"

Die Zungenform sollte sich mit der unteren Hälfte zwischen zwei benachbarte Kielbogen und mit der oberen Hälfte in den darübergestellten Kielbogen einschmiegen. Sie ähnelt im Aufbau stark der Hufbogenprozedur: zwei Segmente an unsichtbarem Stiel.

```
procedure ZUNGE(Hoehe,Radius:real);
begin
   SCHUB_V(Hoehe); MERKE_ORT;
   LINKS(45);
   BOGEN_R(72,Radius);
   AUF_ORT;
   RECHTS(180-45);
   BOGEN_R(72,Radius);
   AUF_ORT;    SCHUB_Z(Hoehe);
end;

procedure MOTIVWAHL(Form:string;Mass:real);
begin
   if Form  = 'zunge'
     then ZUNGE(H_Mass,Zungenradius);
   FORMWAHL(Form,Mass);
end;
```

Noch ein Hinweis: In der Prozedur *MOTIVWAHL* hat das Motiv *ZUNGE* ausnahmsweise zwei Übergabevariablen. Der Zungenradius wird als globale Variable aus der Prozedur *VENDOMEMASSE* zugeliefert.

7.7 Ein Flamboyant-Giebeldreieck wie in Vendôme

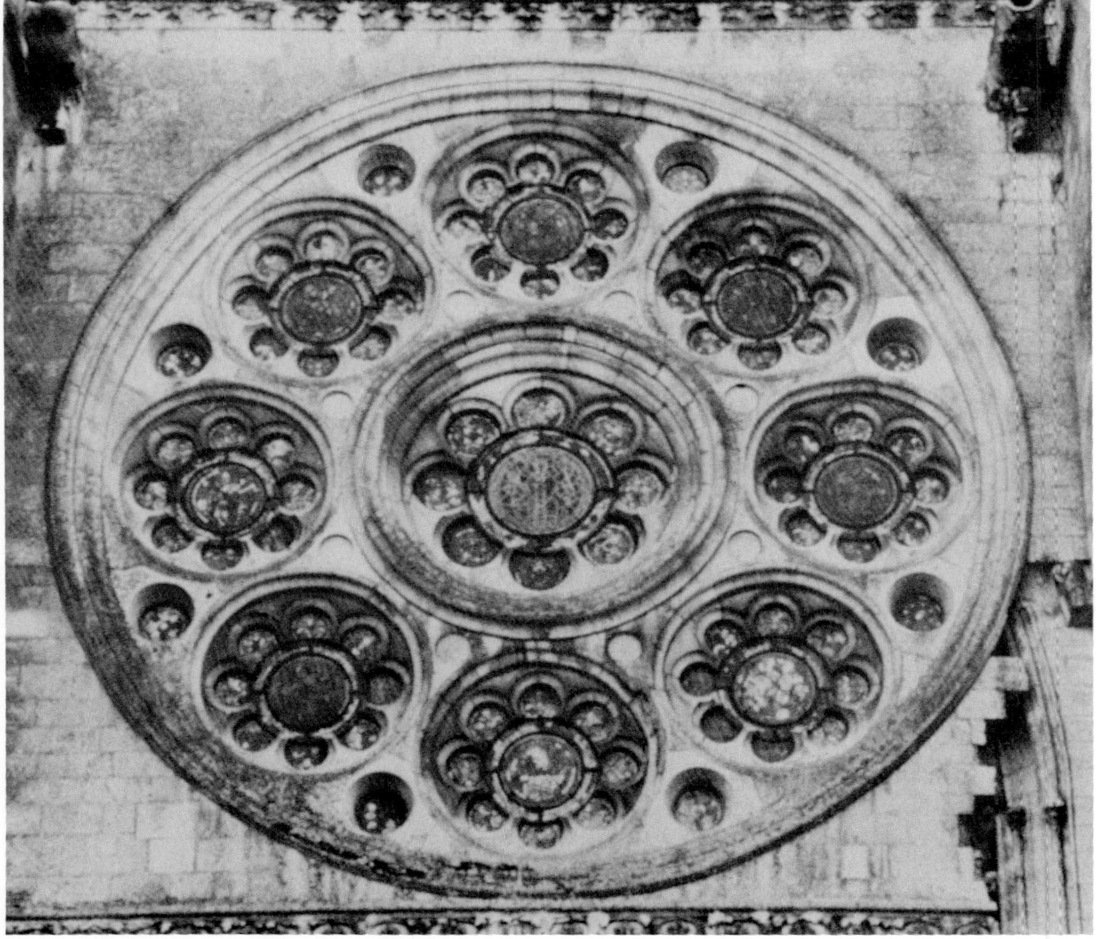

III. Teil: ROSENFENSTER

Die Rose ist seit jeher stark mit symbolischer Bedeutung befrachtet: "Als Symbol der Erleuchtung sind die Rose und ihre östliche Entsprechung, der Lotus, fast universal…"

"Als Symbol der Liebe und Schönheit geht die Rose letztlich auf Isis in Ägypten, Aphrodite und Venus in der klassischen Welt zurück."(27)

Im Mittelalter wird die Rose außerdem zum Symbol Mariens, zum Symbol der höfischen Minne und zum Symbol der göttlichen Liebe. Das Rosenfenster wird zur "Königin aller auszeichnenden Architekturmotive". (28)

Aber Umberto Eco läßt in seinem erfolgreich verfilmten Roman "Der Name der Rose" den Chronisten als letzten Satz (lateinisch) schreiben: "Die Rose von einst steht nur noch als Name. Uns bleiben nur noch nackte Namen." (29)

pa chu p̃ij | Par chu monum
tom le hautre | do uf pilerf donc
ce donc vos | hautr et fons plozn· t sens hitel

8. Vielpässe nach Maß und Zahl

Was im Mittelalter konkretes Zirkelspiel war, konnte in der Neugotik des neunzehnten Jahrhunderts mühelos exakt konstruiert oder berechnet werden. Es war für den Architekten des 19. Jahrhunderts kein nennenswertes Problem mehr, einen Vielpaß mit einer ganz bestimmten, symbolisch gemeinten Anzahl von Dreiviertelbögen und einem ganz bestimmten Außenmaß in eine Fensterrose einzufügen. Auch dieser Zuwachs an Möglichkeiten im Historismus des 19. Jahrhunderts hatte seine eigene Gefahr: den Perfektionismus. Das "leidenschaftliche Streben nach Präzision" und die "ständige Wiederholung von Formen mit offenkundiger mathematischer Exaktheit" war "vielleicht sogar die schwerste ästhetische Belastung der Architektur des 19. Jahrhunderts". (30)

Die extreme Alternative zur mathematischen Methode, das spielerische Ausprobieren, haben wir bereits angewandt. Jetzt wollen wir noch eine Methode entwickeln, die rationell ist, ohne mathematisch steril zu sein. Eine Anregung dazu bietet wie schon so oft das Bauhüttenbuch von Villard de Honnecourt.

8.1 Eine Vermessungsaufgabe nach Villard de Honnecourt

Neben der Bestimmung der Breite eines Flusses, den man nicht überqueren kann, war die Bestimmung der Höhe eines Turmes, den man nicht besteigen kann, "die Hauptaufgabe der gesamten praktischen Mathematik, wie sie durch alle Traktate der römischen Feldmesser hindurch dem Abendlande überliefert worden ist." (31) Diese Vermessungsaufgabe stellt der Architekt Villard de Honnecourt in seinem Bauhüttenbuch selbst anschaulich dar. Als Erklärung könnte man noch hinzufügen, daß der Vermesser sich schrittweise so weit vom Turm entfernen muß, bis er die Turmspitze (A) unter dem Sollwinkel 45 Grad anvisieren kann. Er muß also nach jedem Schritt ausprobieren, ob der Peilwinkel mit dem Sollwinkel bereits übereinstimmt. Wenn dieser Fall eintritt, dann ist auch seine Entfernung vom Turm (BC) genauso groß wie die Turmhöhe, denn Turmhöhe (AC) und Entfernung bildeten die gleichen Schenkel eines gleichschenklig-rechtwinkligen Dreiecks. Die Turmhöhe kann also bequem auf dem waagrechten Boden ausgemessen werden.

8.2 Das Paßmaß

Bei den ersten Drei- und Vierpässen dieser Arbeit haben wir durch Ausprobieren aus dem vorgegebenen Rundfensterradius den kleinen Radius (*Radius_k*) für die *HUFBOGEN* der Pässe gefunden. Jetzt wollen wir eine Prozedur schreiben, die (von der Zahl drei aufwärts) beliebige Paßzahlen annimmt und den *Radius_k*, selbsttätig ermittelt, wenn wir sie auf die richtige Spur setzen.

Die Winkel Alpha und Beta werden wie üblich berechnet. Wenn der Cursor bei C angekommen ist und den Kurs 90 Grad eingeschlagen hat, soll die Arbeit der Prozedur *PEILAUF* beginnen. Ähnlich wie der Vermesser in der Skizze von Honnecourt entfernt sich der Cursor schrittweise von der Senkrechten (AC) bis er das Ziel (A) unter dem Sollwinkel (Alpha) anvisieren kann. Er überprüft also vor jedem Schritt, ob der Sollwinkel schon mit dem Peilwinkel übereinstimmt. Wenn das geschehen ist, hält er an. Er ist bei B angekommen.

(Die Länge des Weges könnte wie bei Honnecourt festgehalten werden. Für unsere Zwecke ist das aber nicht notwendig.)

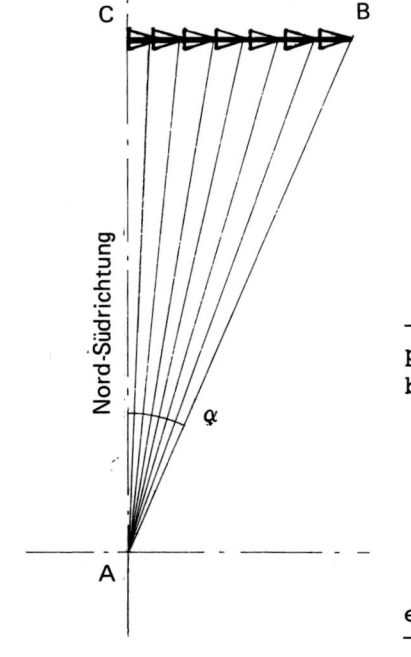

```
procedure PEILLAUF(Xzu,Yzu,Sollwinkel:real);
begin
   repeat
      begin
         VORWAERTS(1);
         PEILE    (Xzu,Yzu);
      end;
   until Peilwinkel ≥ Sollwinkel
end;
```

8. Vielpässe nach Maß und Zahl

D ist der Schnittpunkt der Winkelhalbierenden von Winkel Beta mit dem Rundfensterradius ($\overline{AC}$). Dementsprechend muß sich der Cursor im Programm jetzt in Ausgangsposition für die Suchprozedur *ZU-LAUF* (s. S. 111) begeben. Er geht dann so lange immer eine Einheit voran, bis er senkrecht über der *MITTE* auf dem Radius AC steht, d.h. bis er die Ziellinie (X=Xmitte) erreicht hat. *Radius_k* ist jetzt mit Hilfe des "Höhenmessers" YKO leicht feststellbar.

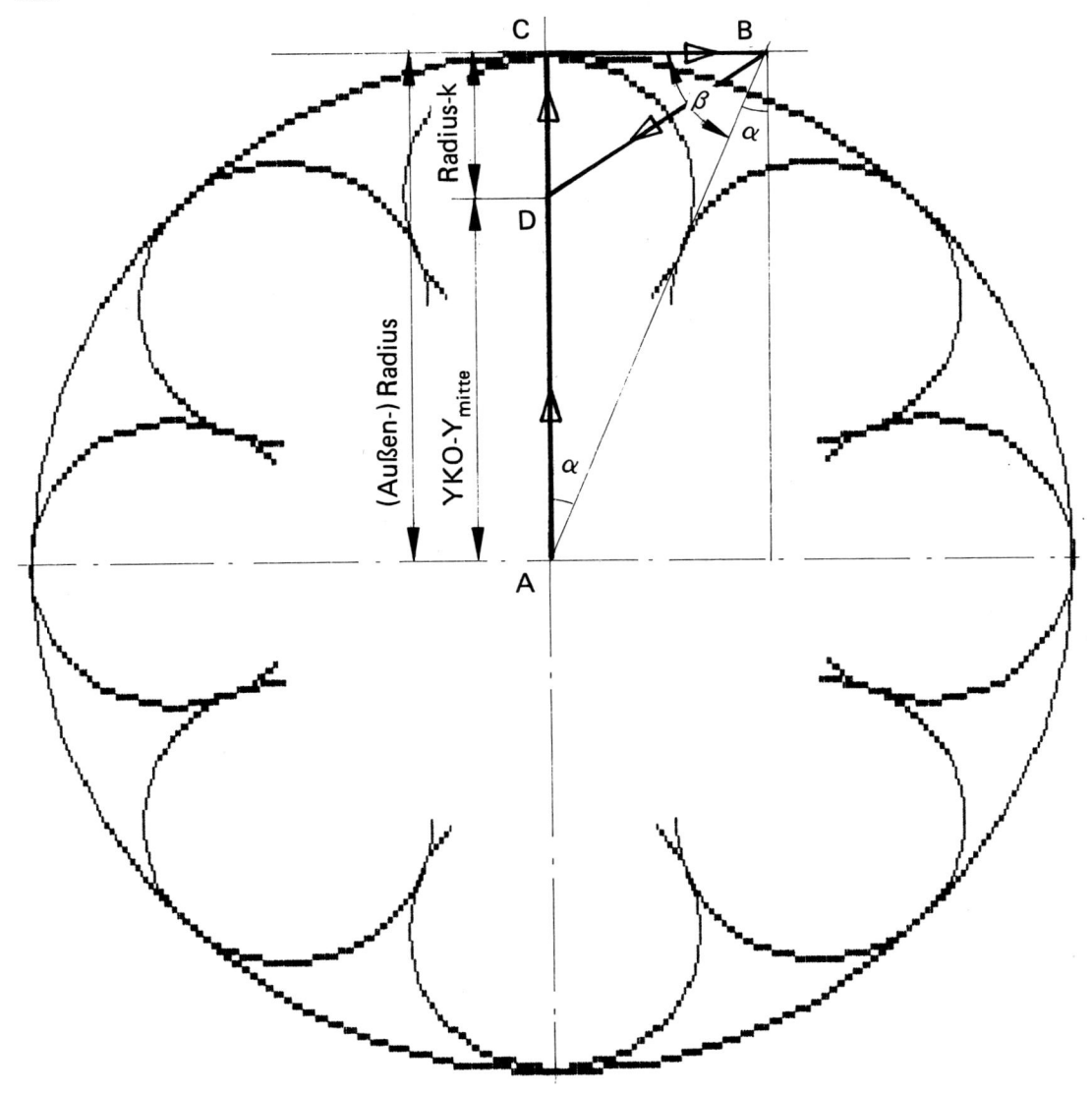

8.2 Das Paßmaß

```
var Radius_k :real;

procedure PASSMASS(Zahl:integer;Radius:real);
Var Alpha,Beta:real;
begin
                STIFTHOCH;              MITTE;
                Peilwinkel :=0;
                Alpha       := 360/Zahl/2;
                Beta        := 90-Alpha;
                VORWAERTS(Radius); RECHTS(90);
                PEILLAUF(Xmitte,Ymitte,Alpha);
                RECHTS(180-Beta/2);
                ZULAUF(Xmitte);
    Radius_k := Radius-(Ymitte-YKO);
                MITTE;                  STIFTAB;
end;
```

Die Prozedur *PASS1* inszeniert die Suche, bevor mit der bereits wohlbekannten Prozedur *PASSKRANZ* der Vielpaß entsprechend der eingegebenen Zahl und dem eingegebenen Radius gezeichnet wird.

```
procedure PASS1(Zahl:integer;Radius:real);
begin
   MERKE_ORT;   PASSMASS (Zahl,Radius);
   AUF_ORT;     PASSKRANZ(Zahl,Radius,Radius_k);
end;

procedure PASS(Zahl:integer;Radius:real);
begin
   PASS1(Zahl,Radius);
   KREIS      (Radius);
end;
```

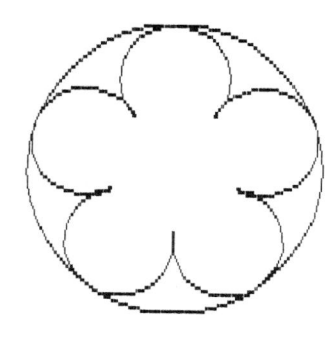

8.3 Das Reimser Fenster

Dieses Fenster stammt aus dem Jahr 1210 und gilt als das erste wirkliche Maßwerkfenster der Architekturgeschichte. Vorher hat man bestenfalls mehrere Wandöffnungen z.B. mit einem Spitzbogen zusammengefaßt. Der Baumeister der Kathedrale von Reims, Jean d'Orbais, hat zum ersten Mal das ganze Fenster als Maßwerk konzipiert und konstruiert.

Zur Bestimmung des Maßes für den Sechspaß können wir unsere neue *PASS*-Prozedur einsetzen. Auch die Prozeduren *GEWAENDE* und *ARKADE* erleichtern die Arbeit. Um die Werte richtig zuordnen zu können, müssen natürlich ihre Kopfzeilen gegenwärtig sein.

Ganz ähnlich sind übrigens die Ostfenster der 1235 begonnenen Liebfrauenkirche in Trier.

```
program REIMS_CH;
uses
   Graph;
   (*$I MASS.PRC*)
   (*$I FENSTER.PRC*)

procedure REIMS_CH1(Breite,Hoehe:real);
begin
    SCHUB_V      (Hoehe+Breite*0.75);
    PASS         (6, Breite*0.45);
    SCHUB_Z      (Hoehe+Breite*0.75);
    GEWAENDE('spitz', Breite,    Hoehe+Breite*0.55, 2);
    ARKADE  ('spitz', Hoehe,     Breite/2,          2);
end;

(*Hauptprogramm*)
begin
  GRAFIKEIN;
  SCHUB_Z (120);
  REIMS_CH1(100,150);
  SCHUB_V (120);
  GRAFIKAUS;
end.
```

8.4 Rosenfenster mit Vielpässen

Einen Fünfpaß mit breiter, von Dreipässen durchlochter Fahne gibt es bereits Anfang des 12. Jahrhunderts als Fassadenfensterrose in St-Jean-le-Blanc in der Landschaft Calvados (Frankreich).

```
program CALVADOS;
uses
  Graph;
  (*$I MASS.PRC*)

procedure CALVADOS1(Radius:real);
begin
   REIFEN             (5,Radius,      Radius*0.05);
   KRANZ('dreipass1_',8,Radius*0.8,   Radius*0.15);
   PASS1              (8,Radius*0.75);
end;

(*Hauptprogramm*)
begin
   GRAFIKEIN;
   CALVADOS1(100);
   GRAFIKAUS;
end.
```

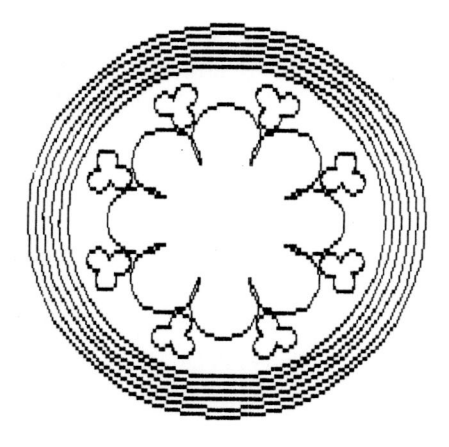

Das Nordquerhaus der ehemaligen Stiftskirche Notre Dame von Montréal (Frankreich) ziert eine Fensterrose (1160/1180) aus konzentrisch angeordneten Vielpässen, deren Bogen allerdings keine Dreiviertelbogen sind und die ebensogut oder besser als Kränze aus *RUNDBOGEN* darstellbar wären.

```
program MONTREAL_N;
uses
  Graph;
  (*$I MASS.PRC*)
```

```
procedure MONTREAL_N1(Radius:real);
begin
   REIFEN(2,Radius*0.74,Radius*0.08);
   PASS1(16,Radius*0.70);   RECHTS(360/32);
   KREIS    (Radius*0.50);
   PASS1 (8,Radius*0.47);   LINKS (360/16);
   KREIS    (Radius*0.26);
   PASS1 (8,Radius*0.22);
end;

(*Hauptprogramm*)
begin
   GRAFIKEIN;
   MONTREAL_N1(100);
   GRAFIKAUS;
end.
```

Die Fensterrose der Augustinerkirche in Landau in der Pfalz (1405-1413) hat unterteilte Lanzetten mit parallelen Schenkeln. Sie ist im Unterschied zu fast allen anderen Fensterrosen nicht genau drehsymmetrisch. Die vorliegende Wiedergabe und die Prozedur ignorieren die Abweichungen von der Drehsymmetrie.

```
program LANDAU;
uses
   Graph;
   (*$I MASS.PRC*)
procedure LANDAU_BOGEN(Breite:real);
begin
   SPITZBOGEN(Breite);    SCHUB_L(Breite/4);
   BLATTBOGEN(Breite/2);SCHUB_R(Breite/2);
   BLATTBOGEN(Breite/2);SCHUB_L(Breite/4);   SCHUB_V(Breite*0.43);
   BLATTBOGEN(Breite/2);                     SCHUB_Z(Breite*0.43);
end;
```

```
procedure LANDAU_LANZETTEN(Radius:real);
Var Zaehler:integer;
begin
   for Zaehler:=1 to 5 do
      begin
         SCHUB_V (Radius*0.59); LANDAU_BOGEN(Radius*0.48);
         SCHUB_Z (Radius*0.59); RECHTS(360/5);
      end;
    SPEICHENRAD(5,Radius*0.59,0,Radius*0.48);
    SPEICHENRAD(5,Radius*0.59,Radius*0.24,0);
end;


procedure LANDAU_BLAETTER(Radius:real);
Var Zaehler:integer;
begin
   RECHTS(360/10);
   for Zaehler:=1 to 5 do
      begin
         SCHUB_V(Radius*0.67); BLATTBOGEN(Radius*0.36);
         SCHUB_Z(Radius*0.67); RECHTS(360/5);
      end;
   LINKS(360/10);
end;


procedure LANDAU1(Radius:real);
begin
   LANDAU_LANZETTEN(Radius);
   LANDAU_BLAETTER (Radius);
   KREIS           (Radius);
   PASS        ( 5, Radius *0.24 );
end;



(*Hauptprogramm*)
begin
   GRAFIKEIN;
   LANDAU1(100);
   GRAFIKAUS;
end.
```

8. Vielpässe nach Maß und Zahl

8.5 Ein Kranz aus Vielpässen wie in Gotha

Öfter begegnen wir Fensterrosen mit Kränzen aus Pässen. Die Fensterrose des Straßburger Münsters zum Beispiel hat einen Kranz aus sechzehn Fünfpässen. In einem solchen Fall ist es unpraktisch, die Prozedur *PASS1* einzusetzen, weil damit sechzehnmal das Paßmaß gesucht werden müßte.

Die Prozedur *PAESSE* verwendet die Suchprozedur *PASSMASS* nur einmal. Ist der Wert für Radius_k gefunden, dann können von der Prozedur *PASSWAHL* zu jeder Passzahl vier Varianten gezeichnet werden: Je nachdem, ob die Stringvariablen *Um* (= Umkreis) und *Ri* (= Richtung) mit den Schlüsselwörtern 'frei' und 'dreh' belegt werden oder nicht, entstehen freie oder gedrehte, freie und gedrehte oder weder freie noch gedrehte Vielpässe. Die Prozedur *GOTHA* führt das gleich an einem Beispiel vor. Sie ahmt dabei die Rose des sogenannten Kornhauses einer ehemaligen Zisterzienserkirche in Gotha (spätes 13. Jahrhundert) nach.

```
procedure PASSWAHL(PassZ:integer;PassR:real;Um,Ri:string);
begin
   if Ri =   'dreh' then RECHTS(360/PassZ/2);
   PASSKRANZ       (PassZ,PassR,Radius_k);
   if Ri =   'dreh' then LINKS (360/PassZ/2);
   if Um <> 'frei' then KREIS (PassR);
end;

procedure PAESSE(Z:integer;R:real;PassZ:integer;
                PassR:real;Um,Ri:string);
Var Zaehler:integer;
begin
   MERKE_ORT;
   PASSMASS(PassZ,PassR);
   AUF_ORT;
   RECHTS(360/Z/2);
   for Zaehler:=1 to Z do
```

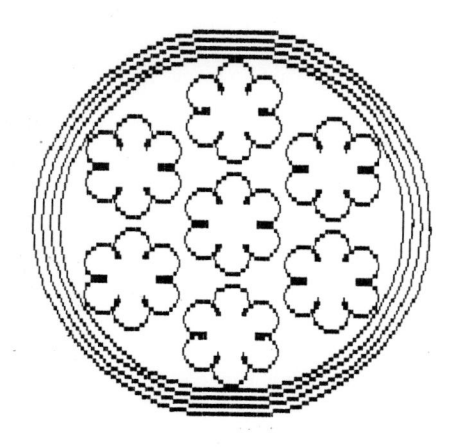

```
                           begin
                              SCHUB_V(R);
                              PASSWAHL(PassZ,PassR,Um,Ri);
                              SCHUB_Z(R);
                              RECHTS(360/Z);
                           end;
                        LINKS(360/Z/2);
                  end;
```

```
program GOTHA;
uses
   Graph;
   (*$I MASS.PRC*)

procedure GOTHA1(Radius:real);
begin
   LINKS    (360/12);
   PAESSE   ( 6, Radius*0.67, 6, Radius*0.3, 'frei' , '0' );
   RECHTS   (360/12);
   PASSWAHL( 6, Radius*0.3,                  'frei' , '0' );
   REIFEN   ( 3, Radius, Radius*0.05);
end;

(*Hauptprogramm*)
begin
   GRAFIKEIN;
   GOTHA1(100);
   GRAFIKAUS;
end.
```

---

9. Fensterrosen nach Maß und Zahl

An den Türen zur Abteikirche in St. Denis, die als Gründungsbau der Gotik gilt, stehen Verse, die Abt Suger in der Mitte des 12. Jahrhunderts verfaßt hatte:

"Strahlend ist das edle Werk, aber dies Werk, das edel erstrahlt,/
Erleuchte die Köpfe damit sie durch das wirkliche Licht/
Aufsteigen zu dem Wahren Licht (...)
Der träge Geist hebt sich durch das Stoffliche empor zum Wahren ..." (32)

Die Aufspaltung des Steins, die Auflösung der Wand durch Fenster, die Entmaterialisierungstendenz der Gotik war begleitet von einer Lichtmetaphysik, wie sie z.B. in der zitierten Inschrift von Abt Suger zum Ausdruck kommt. In ihren Dienst stellte man auch die großen Fensterrosen an den Fassaden der gotischen Kirchen. Sie sollten Lichtmedium sein, d.h. sie sollten mithelfen beim Aufstieg des Geistes zur Wahrheit.

Auf ganz andere Weise ist auch der Monitor Lichtmedium. Er verwandelt die digitalen Befehle der Fensterrosenkonzepte in Lichtpixel. Unsere Aufgabe bleibt auch in diesem Kapitel, jeweils das richtige Maß zu den vorgegebenen Zahlen in der Rose zu finden. Dabei sollen uns jetzt neue Maßprozeduren unterstützen.

9.1 Radmaße

Bei den bisherigen Radfenstern haben wir Zahlenwerte durch Ausprobieren oder durch Berechnung von Prozentanteilen einander angepaßt. Jetzt soll auch für die Radmaße eine Konstruktionsprozedur eingesetzt werden. Sie soll z.B. helfen, in einen gegebenen Umkreis mit bestimmten Radius einen *KRANZ* aus *SPITZBOGEN* mit geeignetem Innenradius einzupassen. Außerdem soll sie helfen, den Radius für dazu passende Speichen, die Breite der einzelnen Bogenform und die Dicke der jeweils zwischen die Bogenform gesetzten *SPEICHE* zu finden.

Zu diesem Zweck legt die Prozedur *RADMASSE_SPITZ* den Winkel Gamma auf 30 Grad fest und ruft die Prozedur *RADMASSE* auf.

```
Var
Innenradius,Speichenradius,Breite,Dicke:real;

procedure RADMASSE(Winkel:real;Zahl:integer;Radius:real);
Var Alpha:real;
begin
                    STIFTHOCH;          MERKE_ORT; MITTE;
                    Weg             :=0;
                    Peilwinkel      :=0;
    Alpha           := 360/Zahl/2;
                    VORWAERTS(Radius); RECHTS(180-Winkel);
                    PEILLAUF(Xmitte,Ymitte,Alpha);
    Innenradius     := Abs(YKO-Ymitte);
    Breite          := (XKO-Xmitte)*1.8;
    Dicke           := (XKO-Xmitte)*0.2; RECHTS(Alpha+Winkel);
                    ZULAUF(Xmitte);
    Speichenradius:= Weg;
                    MITTE; AUF_ORT;     STIFTAB;
end;

procedure RADMASSE_SPITZ(Zahl:integer;Radius:real);
begin
    RADMASSE(30,Zahl,Radius);
end;


procedure RADMASSE_RUND(Zahl:integer;Radius:real);
begin
    RADMASSE(45,Zahl,Radius);
end;
```

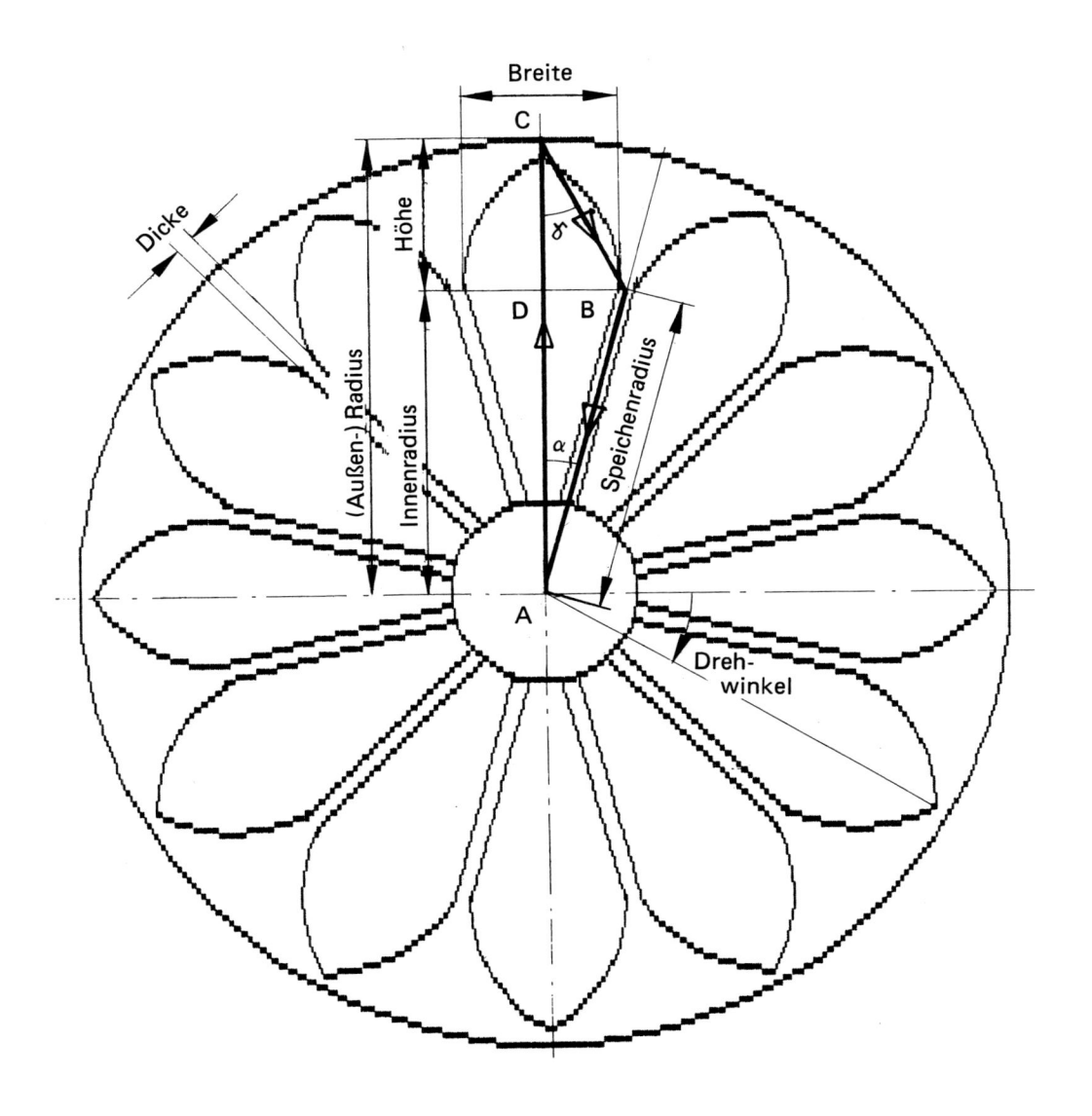

Die Prozedur *RADMASSE* errechnet den Winkel Alpha aus der Speichenzahl, rückt auf C vor und sucht im *PEILLAUF* die Ecke B, wie das die Prozedur *PASSMASS* (Kapitel 8.2) auch getan hat. (Nur ist jetzt der Winkel Gamma 30 bzw. 45 Grad und nicht 90 Grad wie dort.) Bereits von der Ecke B aus lassen sich der Innenradius ($\overline{AD}$) und die Bogen-Breiten-Hälfte ($\overline{BD}$) bestimmen. Man muß nur die entspre-

9.1 Radmaße 135

chenden Koordinatenabschnitte messen. Eine Rechts-Drehung um Winkel Gamma bringt den Cursor wieder in die Nord-Südrichtung und eine weitere Drehung um Alpha in die Richtung auf A. Auch der Rückweg zu A muß noch mit *ZULAUF* gemessen werden, damit der Speichenradius (BA) zugewiesen werden kann.

Wer will, kann mit einer Druckprozedur die Werte auf dem Bildschirm sichtbar machen.

Für Kränze aus runden Bogenformen (z.B. *KLEEBOGEN, RUNDBOGEN*) ändert sich nur der Winkel Gamma: Er ist nicht mehr 30 Grad sondern 45 Grad.

Hinweis: Ein *KRANZ* aus Rundbogen bewirkt nur auf den ersten Blick das gleiche wie ein Paß. Der Unterschied liegt auch nicht nur darin, daß dieser aus 1/2-Kreisen und jener aus 3/4-Kreisen besteht!

9.2 Sechs Fensterrosen aus vier Ländern

Die Fensterrose über dem Portal der Kirche von Gnadlersdorf bei Znaim in Mähren (Tschechoslowakei) ist 1480/90 entstanden. Sie hat keine Speichen.

Erst die vollständigen Kopfzeilen der verwendeten Hilfsprozeduren ermöglichen die richtige Zuordnung. (Siehe Kapitel 5.3)

```
program ZNAIM;
uses
   Graph;
   (*$I MASS.PRC*)

procedure ZNAIM1(Zahl:integer;Radius:real);
begin
   RADMASSE_RUND    (Zahl,Radius);RECHTS(360/Zahl/2);
   KRANZ       ('kleebogen',Zahl,Innenradius, Breite);
   REIFEN      (1,Speichenradius-Radius*0.06,Radius*0.03);
   RADMASSE_RUND    (Zahl,Speichenradius-Radius*0.03);
   KRANZ       ('rund',Zahl,Innenradius, Breite);LINKS(360/Zahl/2);
   REIFEN      (1,Radius,Radius*0.03);
end;

(*Hauptprogramm*)
begin
   GRAFIKEIN;
   ZNAIM1(5,100);
   GRAFIKAUS;
end.
```

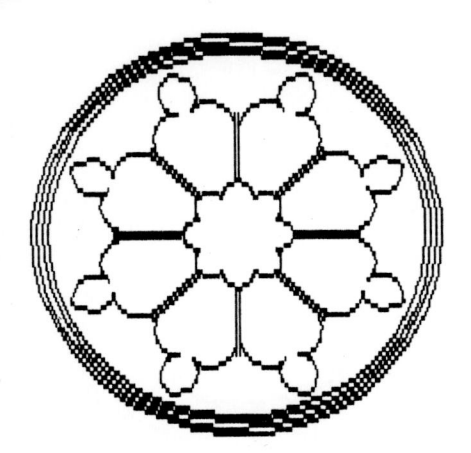

Die Fensterrose im Kapitelsaal des ehemaligen Zisterzienserklosters in Hohenfurt (Böhmen) aus dem Jahre 1259 besteht aus Blattbogen.

Die Operatoren für Radius und Dicke der Reifen und für die Nabe des Speichenrades sind willkürlich gesetzt.

```
program HOHENF;
uses
   Graph;
   (*$I MASS.PRC*)

procedure HOHENFURT1(Zahl:integer;Radius:real);
begin
   RADMASSE_SPITZ(Zahl,Radius);
   KRANZ ('blatt',Zahl,Innenradius,Breite);
   SPEICHENRAD    (Zahl,Speichenradius,Radius*0.30,Radius*0.02);
   RADMASSE_RUND  (Zahl,Radius*0.30);RECHTS(360/Zahl/2);
   KRANZ   ('rund',Zahl,Innenradius,Breite);
   REIFEN           (3,Radius,Radius*0.03);
end;

(*Hauptprogramm*)
begin
   GRAFIKEIN;
   HOHENFURT1(8,100);
   GRAFIKAUS;
end.
```

138   9. Fensterrosen nach Maß und Zahl

An der Hauptfassade des Domes von Spoleto (Italien) gibt es drei Fensterrosen mit sich überkreuzenden Bögen (1207). Für diesen Fall empfiehlt es sich, das Verhältnis zwischen der Bogenbreite und der Speichendicke in der Prozedur *RADMASSE* zu ändern, damit die Speichen schlanker werden. (Statt 0.9 zu 0.1 könnte das Verhältnis 0.95 zu 0.05 sein.) Außerdem würde die Verwendung von Hufeisenbogen (mit mehr als 180 Grad) statt der Rundbogen (180 Grad) eine noch größere Annäherung an das Vorbild bringen.

```
program SPOLETO;
uses
  Graph;
  (*$I MASS.PRC*)

procedure SPOLETO_RAD(Radius,Nabe:real);
begin
   RADMASSE_RUND(6,Radius);
   SPEICHENRAD  (6,Speichenradius,Nabe,Dicke);
   KRANZ ('rund',6,Innenradius,   Breite);
end;

procedure SPOLETO1(Radius:real);
begin
   REIFEN    (1,Radius,    Radius*0.05);
   SPOLETO_RAD(Radius*0.95,Radius*0.15); LINKS (360/12);
   SPOLETO_RAD(Radius*0.95,Radius*0.15); RECHTS(360/12);
   REIFEN    (1,Radius*0.12,Radius*0.03);
end;

(*Hauptprogramm*)
begin
   GRAFIKEIN;
   SPOLETO1(100);
   GRAFIKAUS;
end.
```

9.2 Sechs Fensterrosen aus vier Ländern

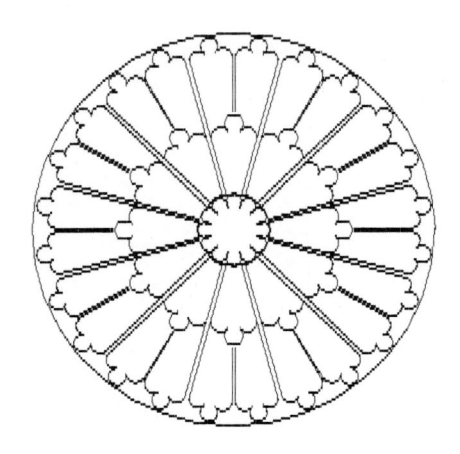

Die Fensterrose an der Westfassade der Kathedrale Notre Dame von Paris ist 1220 entstanden. Sie besteht aus zwei Arkadenreihen. Die Säulen der 24 äußeren Arkaden sitzen abwechselnd auf den inneren Säulen und auf den Scheiteln der inneren Arkadenbogen.

Frei gewählt sind die Radien für die innere Arkadenreihe (Radius*0.6) und für den 12-Paß (Radius*0.18).

```
program PARIS;
uses
   Graph;
   (*$I MASS.PRC*)

procedure PARIS_SPEICHEN(Zahl:integer;Radius:real);
begin
   RADMASSE_RUND(Zahl*2,Radius);
   RECHTS(360/Zahl/2);
   SPEICHENRAD   (Zahl,   Speichenradius,Radius*0.18,Breite*0.10);
   LINKS (360/Zahl/2);
   SPEICHENRAD   (Zahl,   Speichenradius,Radius*0.6 ,Breite*0.05);
end;

procedure PARIS_KRANZ(Zahl:integer;Radius:real);
begin
   RADMASSE_RUND       (Zahl,Radius);
   KRANZ('passbogen1',Zahl,Innenradius,Breite);
end;

procedure PARIS1(Zahl:integer;Radius:real);
begin
```

```
      PARIS_SPEICHEN (Zahl,   Radius);
      PARIS_KRANZ    (Zahl*2,Radius);     LINKS (360/Zahl/2);
      PARIS_KRANZ    (Zahl,   Radius*0.6); RECHTS(360/Zahl/2);
      KREIS                  (Radius);
      PASS           (Zahl,   Radius*0.18);
end;

(*Hauptprogramm*)
begin
   GRAFIKEIN;
   PARIS1(12,200);
   GRAFIKAUS;
end.
```

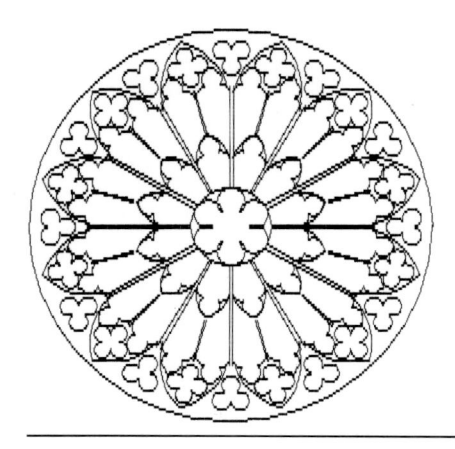

Bei der Fensterrose an der Westfassade der Kathedrale von Reims (1250/1280) sind die Spitzbogen mit freien Vierpässen und die Zwickel mit freien Dreipässen ausgefüllt. Ausgangsmaß für die Maße der Pässe sind deshalb auch die Radmaße der äußeren Arkadenreihe (*REIMS_W_AUSSEN*).

```
program REIMS_W;
uses
   Graph;
   (*$I MASS.PRC*)

procedure REIMS_W_AUSSEN(Radius:real);
begin
   RADMASSE_SPITZ(12,Radius);
   SPEICHENRAD    (12,Speichenradius,Radius*0.2,Radius*0.02);
   KRANZ ('spitz',12,Innenradius,    Breite);    RECHTS(360/24);
   SPEICHENRAD    (12,Speichenradius,Radius/2,   Radius*0.01);
                                                 LINKS (360/24);
   KRANZ ('kopf',24,Innenradius,     Breite/2);
end;

procedure REIMS_W_PAESSE(Radius,Hoehe,Breite:real);
begin
   KRANZ('vierpass1' ,12,Radius+Hoehe*0.5,Breite); LINKS (360/24);
   KRANZ('dreipass1_',12,Radius+Hoehe*0.6,Breite); RECHTS(360/24);
end;

procedure REIMS_W_INNEN(Radius:real);
begin
   RADMASSE_SPITZ     (12,Radius);
   KRANZ('nonnenkopf',12,Innenradius,Breite);
end;
```

```
procedure REIMS_W1(Radius:real);
begin
   REIMS_W_AUSSEN(Radius);
   REIMS_W_PAESSE(Innenradius,Radius-Innenradius,Breite*0.3);
   REIMS_W_INNEN (Radius/2);
   KREIS         (Radius);
   PASS          (6,Radius*0.2);
end;

(*Hauptprogramm*)
begin
   GRAFIKEIN;
   REIMS_W1(200);
   GRAFIKAUS;
end.
```

9.2 Sechs Fensterrosen aus vier Ländern

Die Fensterrosen in der Westwand der beiden Seitenschiffe des Freiburger Münsters (1320/30) sind mit Drei- und Vierpässen ausgestattet und von quadratischen Rahmen eingefaßt.

```pascal
program FREIBURG;
uses
    Graph;
    (*$I MASS.PRC*)
procedure FREIBURG_RAD(Zahl:integer;Radius:real);
begin
    REIFEN              (1,Radius*0.12,   Radius*0.04);
    RADMASSE_RUND       (Zahl,Radius);
    SPEICHENRAD         (Zahl,Speichenradius,Radius*0.16,Dicke);
    KRANZ('passbogen1',Zahl,Innenradius,   Breite);
end;

procedure FREIBURG_PAESSE(Zahl:integer;Radius:real);
begin
    KRANZ('vierpass',4,   Radius*1.18,Radius*0.15);
    LINKS (360/Zahl/2);
    KRANZ('dreipass',Zahl,Radius*0.8, Radius*0.12);
    RECHTS(360/Zahl/2);
end;

procedure FREIBURG1(Zahl:integer;Breite:real);
begin
    FREIBURG_RAD    (Zahl,Breite*0.37);
    FREIBURG_PAESSE(Zahl,Breite/2);
    REIFEN              (1,Breite*0.47,Breite*0.03);
    QUADRAT_M           (Breite);
end;

(*Hauptprogramm*)
begin
    GRAFIKEIN;
    FREIBURG1(16,400);
    GRAFIKAUS;
end.
```

9.3 Maßwerkfenster mit "berechneten" Rosen

Bei vielen Maßwerkfenstern können die neuen Suchprozeduren für Radmaße eingesetzt werden, z.B. bei dem Fenster der (Ende des 14. Jahrhunderts) an den Dom in Worms angebauten Taufkapelle (S. 146 links) und bei dem Hauptfenster der Westfront des Münsters in Schlettstatt (ebenfalls 14. Jahrhundert, hier auf S. 146 rechts).

```
program WORMS_TAUF;
uses
  Graph;
  (*$I MASS.PRC*)
  (*$I FENSTER.PRC*)

procedure WORMS_T_ROSE(Radius:real);
begin
   RADMASSE_SPITZ      (5,Radius);
   SPEICHENRAD         (5,Speichenradius,Speichenradius*0.2,Breite);
   LINKS (3602);
   KRANZ ('blattbogen',5,Innenradius,   Breite);
   RECHTS(3602);
   KREIS               (Radius);
end;

procedure WORMS_T_FLUEGEL(Breite,Hoehe:real);
begin
   SCHUB_V        (Hoehe+Breite*0.38);
   BLATTBOGEN           (Breite   /2);
   SCHUB_Z        (Hoehe+Breite*0.38);
   FENSTER('spitz',      Breite, Hoehe);
   ARKADE ('blattbogen', Hoehe,  Breite/2, 2);
end;

procedure WORMS_T1(Breite,Hoehe:real);
begin
   SCHUB_V     (Hoehe+Breite*0.55);
   WORMS_T_ROSE      (Breite/4);
   SCHUB_Z     (Hoehe+Breite*0.55);
   FENSTER ('spitz', Breite,    Hoehe);
   SCHUB_L           (Breite/4);
```

```
    WORMS_T_FLUEGEL   (Breite/2, Hoehe);
    SCHUB_R           (Breite/2);
    WORMS_T_FLUEGEL   (Breite/2, Hoehe);
    SCHUB_R           (Breite/4);
end;

(*Hauptprogramm*)
begin
  GRAFIKEIN;
  SCHUB_Z (150);
  WORMS_T1(150,200);
  SCHUB_V (150);
  GRAFIKAUS;
end.
```

9. Fensterrosen nach Maß und Zahl

```
program SCHLETT;
uses
  Graph;
  (*$I MASS.PRC*)
  (*$I FENSTER.PRC*)

procedure SCHLETT_ROSE(Radius:real);
begin
   RADMASSE_SPITZ(10,Radius);
   SPEICHENRAD    (10,Speichenradius, 0,    0);
   KRANZ ('spitz',10,Innenradius,     Breite);
   KRANZ ('kreis',10,Innenradius*1.1,Breite*0.45);
   RADMASSE_SPITZ(10,Innenradius*1.1-Breite*0.45);
   KRANZ ('spitz',10,Innenradius,     Breite);
   KREIS              (Radius);
end;

procedure SCHLETT_FLUEGEL(Breite,Hoehe:real);
begin
   SCHUB_V                   (Hoehe+Breite*0.45);
   KREIS         (Breite  /3);
   SCHUB_Z                   (Hoehe+Breite*0.45);
   FENSTER('spitz', Breite,     Hoehe);
   FENSTER('spitz', Breite /3, Hoehe-Breite*0.2);
   SCHUB_R       (Breite  /3);
   FENSTER('spitz', Breite /3, Hoehe);
   SCHUB_L       (Breite*2/3);
   FENSTER('spitz', Breite /3, Hoehe);
   SCHUB_R       (Breite  /3);
end;

procedure SCHLETTSTADT1(Breite,Hoehe:real);
begin
   SCHUB_V                   (Hoehe+Breite*0.45);
   SCHLETT_ROSE       (Breite  /3);
   SCHUB_Z                   (Hoehe+Breite*0.45);
   GEWAENDE('spitz', Breite,     Hoehe,         2);
   SCHLETT_FLUEGEL    (Breite  /3, Hoehe-Breite*0.18);
   SCHUB_R            (Breite  /3);
   SCHLETT_FLUEGEL    (Breite  /3, Hoehe);
   SCHUB_L            (Breite*2/3);
   SCHLETT_FLUEGEL    (Breite  /3, Hoehe);
   SCHUB_R            (Breite  /3);
end;
```

```
(*Hauptprogramm*)
begin
  GRAFIKEIN;
  SCHUB_Z      (200);
  SCHLETTSTADT1(140,200);
  SCHUB_V      (200);
  GRAFIKAUS;
end.
```

9.4 Zentripetale Fensterrosen

Die meisten Fensterrosen strahlen nach außen, sind zentrifugal, dem Sonnenmotiv entsprechend.

Aber manche Fensterrosen wirken zentripetal, die Bogen ihres äußeren Kranzes zeigen mit ihren Scheiteln zum Zentrum hin, sie öffnen sich einladend wie Tore nach außen und leiten nach innen. Sind sie außerdem noch zwölfteilig, dann läßt sich daraus schließen, daß sie die mystische Lichtstadt mit den zwölf Toren, das "himmlische Jerusalem" des Johannesevangeliums symbolisieren.

Diese Gruppe von Fensterrosen braucht eine Kranzprozedur, die die Bogenform um 180 Grad gedreht nach innen legt, und sie braucht andere Maße, *PETALMASSE*.

Die Prozedur *PETALMASSE* (siehe S. 150) errechnet wieder zuerst den Mittelpunktswinkel (= Alpha), rückt dann aber gleich auf dem rechten Schenkel des Winkels Alpha zu B vor. Von dort lassen sich wieder problemlos der Innenradius und die Breitenhälfte als Koordinatenabschnitte festsetzen. Dann muß Kurs auf D genommen werden: *RECHTS(90+Winkel+Alpha)*. Bei D angekommen wird auch der Restradius bestimmbar.

Jetzt steht der Programmierung von zentripetalen Fensterrosen, wie sie z.B. in Etampes und Regensburg zu finden sind, nichts mehr entgegen. Wenn der Kranz zwölf Teile hat, ist die mit unserer Prozedur gewonnene Breite hinreichend genau. Bei weniger Einzelformen im Kranz wird die Sache eng. Dann wird uns aber sicher auch wieder eine passende Lösung einfallen.

9.4 Zentripetale Fensterrosen 149

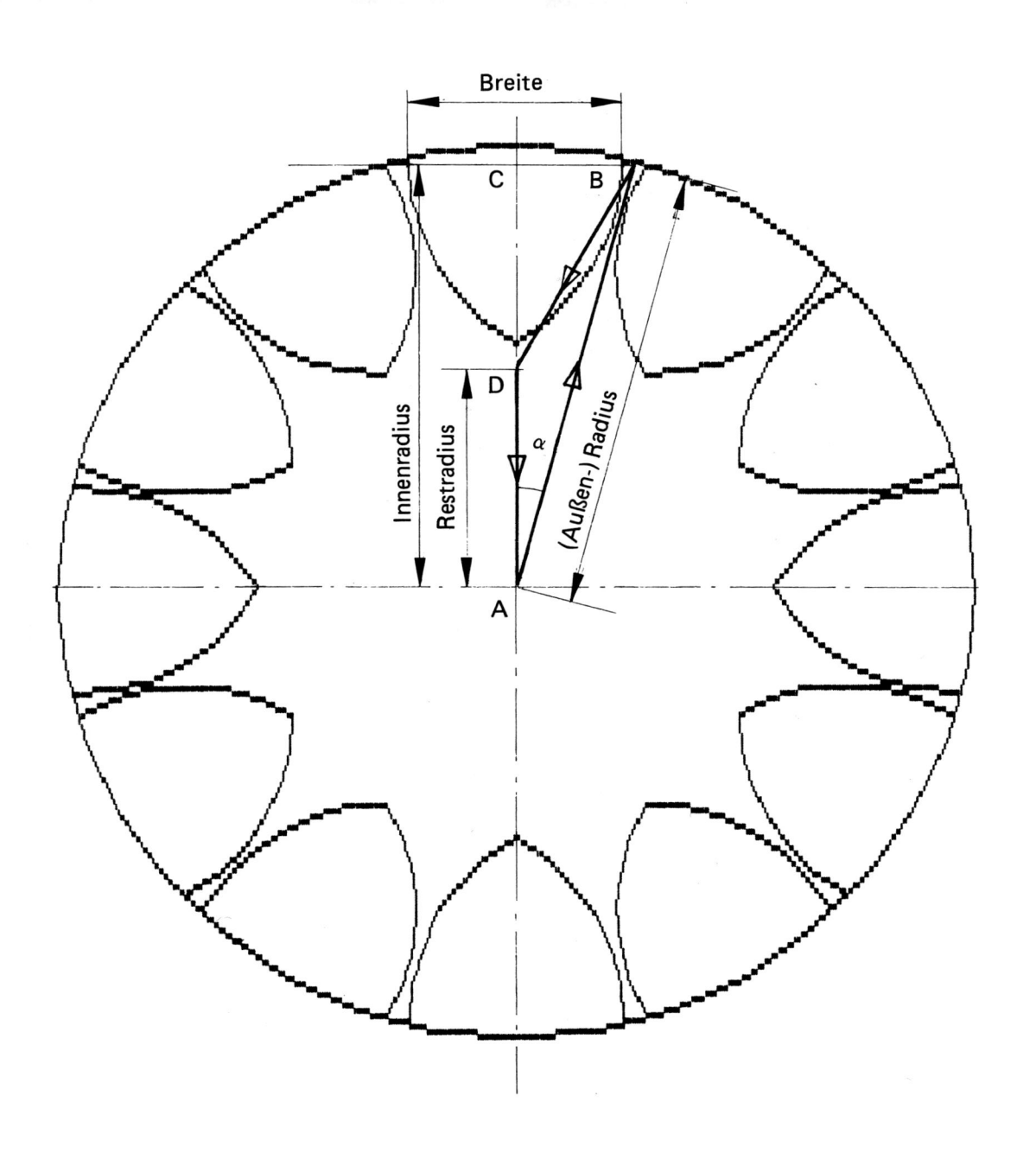

```
var Innenradius,Speichenradius,Breite,Dicke:real;
var Restradius                            real;

procedure PETALMASSE(Winkel:real;Zahl:integer;Radius:real);
Var Alpha:real;
begin
                 STIFTHOCH;        MERKE_ORT; MITTE;
                 Weg        :=0;
   Alpha      := 360/Zahl/2;       RECHTS(Alpha);
                 VORWAERTS(Radius);
   Innenradius:= Abs(YKO-Ymitte);
   Breite     := (XKO-Xmitte)*1.8; LINKS(90+Winkel+Alpha);
                 ZULAUF(Xmitte);
   Restradius := Abs(YKO-Ymitte);
                 MITTE;            AUF_ORT; STIFTAB;
end;

procedure PETALMASSE_SPITZ(Zahl:integer;Radius:real);
begin
   PETALMASSE(60,Zahl,Radius);
end;

procedure PETALMASSE_RUND(Zahl:integer;Radius:real);
begin
   PETDALMASSE(45,Zahl,Radius);
end;

procedure PETALKRANZ(Form:string;Zahl:integer;Radius,Mass:real);
var Zaehler:integer;
begin
   RECHTS(360/Zahl/2);
   for Zaehler:=1 to Zahl do
      begin
         SCHUB_V(Radius);     RECHTS(180);
         FORMWAHL(Form,Mass); LINKS (180);
         SCHUB_Z(Radius);     RECHTS(360/Zahl);
      end;
   LINKS(360/Zahl/2);
end.
```

9.5 Sechs Fensterrosen mit zentripetalen Elementen

Speichenfensterrosen, deren Speichen gegen Halbkreisbogen geführt sind, gibt es z.B. in Regensburg, in Laon (Frankreich) und an der Westfassade der Kirche Notre Dame von Etampes (1180).

```
program ETAMPES;
uses
  Graph;
  (*$I MASS.PRC*)

procedure ETAMPES1(Radius:real);
begin
  PETALMASSE_RUND    (12,Radius);
  PETALKRANZ('rund',12,Innenradius,Breite);      RECHTS(15);
  SPEICHENRAD        (12,Restradius,Radius*0.25,Radius*0.03);
  KREIS              (Radius);
  KREIS              (Radius*0.25);
end;

(*Hauptprogramm*)
begin
   GRAFIKEIN;
   ETAMPES1 (100);
   GRAFIKAUS;
end.
```

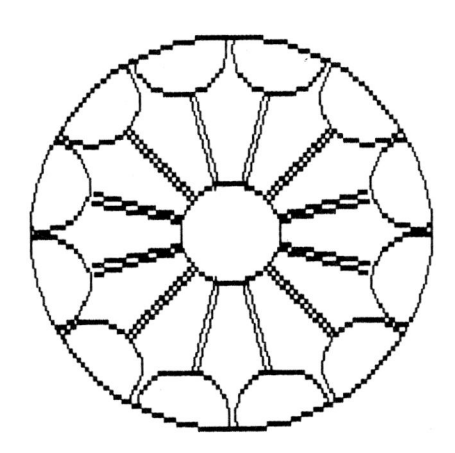

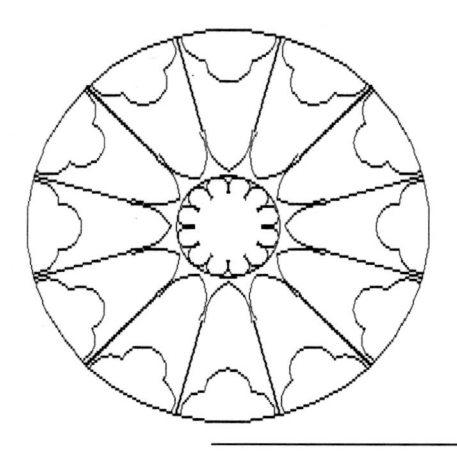

Bei der Fensterrose im Nordquerschiff der Kathedrale von Reims (1241) kreisen zwei Reihen zentripetaler Bogen einen Zwölfpaß ein.

```
program REIMS_N;
uses
   Graph;
   (*$I MASS.PRC*)

procedure REIMS_N1(Zahl:integer;Radius:real);
begin
   RECHTS(15);
   PETALMASSE_RUND   (Zahl,Radius);
   PETALKRANZ('klee', Zahl,Innenradius,    Breite);
   SPEICHENRAD       (Zahl,Radius,Radius/2,Breite*0.01);
   PETALMASSE_SPITZ  (Zahl,Radius/2);
   PETALKRANZ('spitz',Zahl,Innenradius,    Breite);
   PASS              (Zahl,Restradius);
   KREIS(Radius);
end;

(*Hauptprogramm*)
begin
   GRAFIKEIN;
   REIMS_N1(12,200);
   GRAFIKAUS;
end.
```

152   9. Fensterrosen nach Maß und Zahl

Die Fensterrose des Nordquerschiffs in der Kathedrale von Châlons-sur-Marne (1256) ist ähnlich aufgebaut wie diejenige im Reimser Nordquerschiff, nur vielteiliger.

```
program CHALONS;
uses
   Graph;
   (*$I MASS.PRC*)

procedure CHALONS_AUSSEN(Zahl:integer;Radius:real);
begin
   PETALMASSE_RUND        (Zahl,Radius);
   PETALKRANZ('kleebogen',Zahl,Innenradius,Breite);
   SPEICHENRAD            (Zahl,Radius,Radius*0.62,0);
   PETALMASSE_SPITZ       (Zahl,Radius*0.62);
   PETALKRANZ     ('spitz',Zahl,Innenradius,Breite);
end;

procedure CHALONS_INNEN(Zahl:integer;Radius:real);
begin
   PETALMASSE_SPITZ   (Zahl,Radius);
   PETALKRANZ('spitz',Zahl,Innenradius,         Breite);
   KRANZ     ('kreis',Zahl,Restradius+Breite*0.4,Breite*0.22);
end;

procedure CHALONS1(Zahl:integer;Radius:real);
begin
   CHALONS_AUSSEN(Zahl*2,  Radius);
   CHALONS_INNEN (Zahl,    Radius*0.62);  RECHTS(360/Zahl/2);
   PASS          (Zahl,    Restradius);   LINKS (360/Zahl/2);
   KREIS                   (Radius);
end;

(*Hauptprogramm*)
begin
   GRAFIKEIN;
   CHALONS1(12,200);
   GRAFIKAUS;
end.
```

9.5 Sechs Fensterrosen mit zentripetalen Elementen

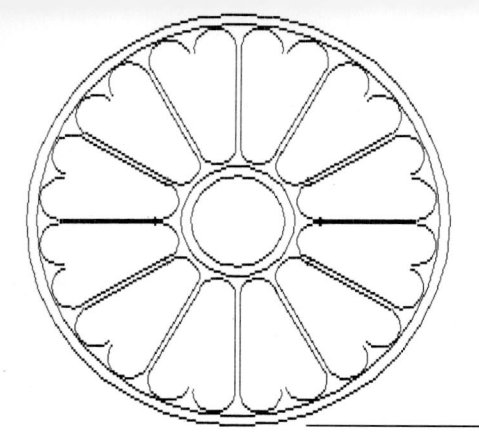

Im spätromanischen Westchor des Wormser Domes gibt es eine Fensterrose (1220/30) mit verdoppelten Bogen. Die durch die Verdoppelung entstehenden Herzformen enthalten nach unserer Definition außen zentrifugale und innen zentripetale Elemente.

```
program WORMS_W;
uses
  Graph;
  (*$I MASS.PRC*)

procedure WORMS_W_AUSSEN(Zahl:integer;Radius:real);
begin
   RADMASSE_RUND(Zahl*2,Radius);
   KRANZ ('rund',Zahl*2,Innenradius,Breite);
   SPEICHENRAD   (Zahl,  Innenradius,Radius*0.4,Dicke);
end;

procedure WORMS_W_INNEN(Zahl:integer;Radius:real);
begin
   PETALMASSE_RUND   (Zahl,Radius);
   PETALKRANZ('rund',Zahl,Radius,Breite);
end;

procedure WORMS_W1(Zahl:integer;Radius:real);
begin
   WORMS_W_AUSSEN (Zahl,   Radius);
   WORMS_W_INNEN  (Zahl,   Radius*0.4);
   REIFEN(1,Radius,                 Radius*0.05);
   REIFEN(1,Restradius-Radius*0.05,Radius*0.05);
end;

(*Hauptprogramm*)
begin
   GRAFIKEIN;
   WORMS_W1(12,200);
   GRAFIKAUS;
end.
```

9. Fensterrosen nach Maß und Zahl

Gegeneinander gestellte Rundbogen wie in Worms treffen wir auch im inneren Rad der Fensterrose an der Westfassade der Kathedrale Notre Dame von Chartres (um 1220). Darum herum legt sich ein Kranz von Achtpässen und in den Zwickeln gibt es noch zwölf Vierpässe.

```
program CHARTRES;
uses Graph;
   (*$I MASS.PRC*)

procedure CHARTRES_RAD(Zahl:integer;Radius:real);
begin
    RADMASSE_RUND    (Zahl,Radius);                LINKS (360/Zahl/2);
    KRANZ      ('rund',Zahl,Innenradius,Breite);
    SPEICHENRAD      (Zahl,Speichenradius,Radius/2,Breite*0.1);
    PETALMASSE_RUND  (Zahl,Radius*0.5);
    PETALKRANZ('rund',Zahl,Innenradius,Breite*0.8);
    RECHTS(360/Zahl/2);
    PASS             (Zahl,Restradius);
end;

procedure CHARTRES1(Zahl:integer;Radius:real);
Var Passradius:real;
begin
    PASSMASS(Zahl,Radius);
    Passradius:=Radius_k;
    PAESSE(Zahl,Radius-Passradius,   8,Passradius,   '0',   'dreh');
    LINKS(360/Zahl/2);
    PAESSE(ZAHL,Radius-Passradius*0.2,4,Passradius*0.4,'frei','0');
    RECHTS(360/Zahl/2);
    CHARTRES_RAD(Zahl,Radius-Passradius*1.8);
    KREIS(Radius*1.05);
end;

(*Hauptprogramm*)
begin
    GRAFIKEIN;
    CHARTRES1(12,200);
    GRAFIKAUS;
end.
```

9.5 Sechs Fensterrosen mit zentripetalen Elementen

Die innere Ergänzung zur äußeren Schale der Fensterrose an der Westfassade des Straßburger Münsters (um 1248 - siehe S. 5) besteht aus einem reichen Kranz zentripetdaler und zentrifugaler Elemente und langen schlanken Speichen.

```
program STRASSBURG;
uses
   Graph;
   (*$I MASS.PRC*)

procedure STRASSBURG_A(Zahl:integer;Radius:real);
Var Paesseradius:real;
begin
   RADMASSE_SPITZ      (Zahl,   Radius);
   KRANZ      ('spitz',Zahl,   Innenradius, Breite);
                       Paesseradius:=(Radius*0.6+Innenradius*0.4);
   PAESSE              (Zahl,   Paesseradius,5, Breite*0.24,'0','0');
   KRANZ('nonnenkopf',Zahl*2,Innenradius, Breite/2);
end;

procedure STRASSBURG_B(Zahl:integer;Radius:real);
begin
   PETALMASSE_RUND        (Zahl, Radius);        LINKS(360/Zahl/2);
   PETALKRANZ('passbogen',Zahl,   Innenradius,   Breite*0.7);
                                                 RECHTS(360/Zahl/2);
   SPEICHENRAD           (Zahl*2,Speichenradius,Radius*0.12,0);
end;
```

```
procedure STRASSBURG1(Zahl:integer;Radius:real);
begin
   STRASSBURG_A(Zahl,Radius);
   STRASSBURG_B(Zahl,Radius);
   PASS            (5,Radius*0.1);
   KREIS           (Radius*0.12);
   KREIS           (Radius);
end;

(*Hauptprogramm*)
begin
   GRAFIKEIN;
   STRASSBURG1(16,200);
   GRAFIKAUS;
end.
```

Nachbemerkungen

Wer mir bis hierher gefolgt ist, wird verstehen, daß der Weg nun wie ein Holzweg "jäh im unbegangenen aufhört". Denn "Holzfäller und Waldhüter kennen die Wege. Sie wissen, was es heißt, auf einem Holzweg zu sein". (33)

Danken möchte ich an dieser Stelle Herrn Professor Heinz Schumann. Er hat die erste Fassung dieses Buches im Rahmen seiner Hochschul-"Schriftenreihe für Lehrer, Schüler und Studenten" 1987 in Weingarten herausgegeben und mit einem wohlwollenden Vorwort versehen. Damals waren die Prozeduren meiner Arbeit noch in der Programmiersprache Logo geschrieben. (34)

Auch allen mir bekannten und unbekannten Mitarbeitern des Oldenbourg Verlages, die an der Entstehung des Buches beteiligt waren, sei an dieser Stelle mein Dank ausgedrückt. Sie ziehen wie viele mittelalterliche Baumeister vor, anonym zu bleiben.

Schließlich gebührt meiner Frau Hildegund Dank für die Korrektur des Manuskriptes.

Anmerkungen

(1) Rüdiger Dahlke: Mandalas der Welt, Ein Meditations- und Malbuch, München 1985, S. 9

(2) Werner Schaefke: Frankreichs gotische Kathedralen, Köln 1979, S. 49

(3) Ebenda, S. 55

(4) Paul von Naredi-Rainer: Architektur und Harmonie, Zahl, Maß und Proportion in der abendländischen Baukunst, Köln 1984, S. 208

(5) Aus: Schaefke, a.a.O., S. 50

(6) Sol LeWitt, zitiert nach Klaus Honnef: Concept Art, Köln 1971, S. 135

(7) Turbo Pascal 4.0, Benutzerhandbuch, München 1987, S. 203-217

(8) Die kulturelle Bedeutung der Textverarbeitung am Computer kann gar nicht hoch genug eingestuft werden: Der Philosoph und Theoretiker der Postmoderne Jean-Francois Lyotard glaubt, daß durch die Benutzung von Textverarbeitungssystemen die "zunehmende gegenseitige Durchdringung von Materie und Geist gleichermaßen deutlich" wird und daß sich dadurch "das klassische Problem der Einheit von Körper und Seele verschiebt". Um Erfahrungen darüber einzuholen, richtete er 1985 eine große Ausstellung mit dem vielsagenden Titel "Die Immateriellen" im Centre Pompidou (Paris) ein, rief 30 Schriftsteller, Philosophen, Künstler und Wissenschaftler zusammen und veranstaltete mit ihnen ein Textverarbeitungsexperiment über 50 Stichwörter an vernetzten Computern… Vgl. J. F. Lyotard u.a.: Immaterialität und Postmoderne, Berlin 1985, S. 25

(9) Einen solchen unüberbrückbaren, aber bemerkens- und bewahrenswerten Unterschied kannte übrigens auch der Mathematiker und Philosoph Blaise Pascal (1623-1662), der durch die Erfindung seiner Rechenmaschine die Instrumentalisierung des Denkens ein gutes Stück vorangetrieben hat, und dessen Name die hier verwendete Computersprache trägt. Er brachte es in einem Wortspiel auf den Punkt: "Le cœur a ses raisons, que la raison ne connaît pas…" – "Das Herz hat seine Gründe, die die Vernunft nicht kennt…" Blaise Pascal: Gedanken, Eine Auswahl, Stuttgart 1958, Frg. 229

(10) Vgl. Dieter Kimpel, Robert Suckale: Die gotische Kathedrale: Gestalt und Funktion. In: Funkkolleg Kunst, Studienbegleitbrief 1, Tübingen 1984, S. 111

(11) Schaefke, a.a.O., S. 53

(12) Dieter Kimpel, a.a.O., S. 111

(13) Uwe Beck: Computer-Graphik, Bilder und Programme zu Fraktalen, Chaos und Selbstähnlichkeit, Basel 1988, S. 105 ff

(14) Hans R. Hahnloser: Villard de Honnecourt, Kritische Gesamtausgabe des Bauhüttenbuches ms. fr 19093 der Pariser Nationalbibliothek, Graz 1972

(15) Norbert Schneider: Natur und Kunst im Mittelalter In: Funkkolleg Kunst, Studienbegleitbrief 10, Tübingen 1985, S. 38 f

(16) Hahnloser, a.a.O.

(17) Friedrich und Helga Möbius: Bauornament im Mittelalter, Symbol und Bedeutung, Wien 1978, S.103. Die folgen- den Zitate ebenda S. 107, S. 106

(18) Vgl. Painton Cowen: Die Rosenfenster der gotischen Kathedralen, Freiburg 1984, S. 88

(19) Vgl. Hahnloser, a.a.O., S. 128 f

(20) Vgl. Ernst Bloch: Geist der Utopie, 1918/1923, Neuauflage Frankfurt 1985, S. 37: "…Die Gotik produziert symbolisch der Um-

armung, dem wirklichen Seelenreich entgegen."

(21) Gerard Raulet: Natur und Ornament, Zur Erzeugung von Heimat, Darmstadt 1987, S. 96

(22) Ernst Bloch: Das Prinzip Hoffnung, Frankfurt 1959, S. 847

(23) Walter Breidenbach: Raumlehre in der Volksschule Hannover 1966, S. 44 ff

(24) Möbius, a.a.O., S. 115

(25) Möbius, a.a.O., S. 109

(26) Vgl. Hahnloser, a.a.O., S. 108 f

(27) Cowen, a.a.O., S. 97

(28) Möbius, a.a.O., S. 102

(29) Umberto Eco: Der Name der Rose, München 1986, S. 634

(30) Anders Aman: Architektur. In Rudolf Zeitler: Die Kunst des 19. Jahrhunderts, Prophylaen Kunstgeschichte, Band 11, Berlin 1990, S. 179

(31) Hahnloser, a.a.O., S. 108

(32) Suger, zitiert nach Dieter Kimpel, Robert Suckale: Die gotische Architektur in Frankreich 1130-1270. München 1985, S. 90

(33) Martin Heidegger: Holzwege, Frankfurt 1950, S. 3

(34) Peter Schweiger: Beschreibung gotischer Formen mit Logo, eine geometrische Mikrowelt. In: Beiträge zum Computereinsatz in der Schule, eine Schriftenreihe für Lehrer, Schüler und Studenten, herausgegeben von Heinz Schumann in Verbindung mit Anton Brenner, Heft 2, Weingarten 1987

Glossar: Kunst- und baugeschichtliche Begriffe

Im Wesentlichen entnommen aus:
Kammerlohr, Otto: Epochen der Kunst II, Oldenbourg, München 1989

Arkade (lat. arcus = Bogen): eine auf Säulen oder Pfeilern ruhende Bogenreihe an Profan- oder Sakralbauten.

Basilika: ursprünglich Markt- und Gerichtshalle bei den Römern, für den christlichen Kirchenbau im Grundriß und Aufriß übernommen. Ein über Säulen- oder Pfeilerstellungen errichteter drei- oder fünfschiffiger Raum, dessen Mittelschiff die Seitenschiffe überragt und im Lichtgaden eigene Fenster besitzt.

Bogen: Der Bogen ist der gewölbte Abschluß einer Mauereröffnung und fängt die darüber ruhenden Lasten auf. Seitlich ruht der Bogen auf Widerlagern (W). Auf den Widerlagern sitzen die Kämpfersteine (K). Die am Bogenansatz liegenden Steine heißen Anfänger (A), den obersten Teil des Bogens bildet der Schlußstein (S). Der Abstand zwischen den beiden Widerlagern ist die Spannweite.

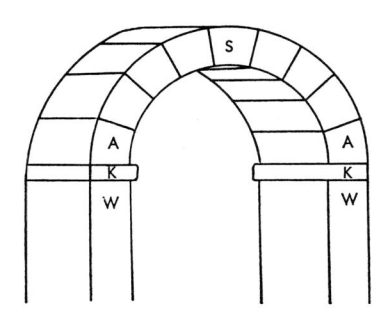

Bogen, gestelzter: ein Bogen heißt gestelzt, wenn zwischen Kämpfer und Anfänger ein senkrechtes Stück eingefügt ist, das sich ohne Knickung mit dem Bogen verbindet.

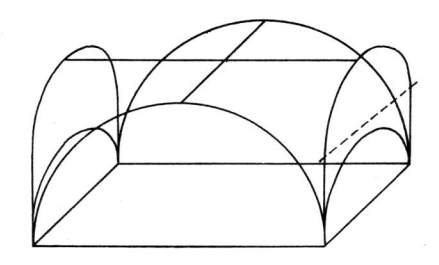

Bogenformen: A = Rundbogen, B = Spitzbogen, C = Flach- und Stichbogen, D = Hufeisenbogen, E = Eselsrücken oder Kielbogen, F = Korbbogen, G = Kleeblattbogen, H = Vorhangbogen, J = Tudorbogen.

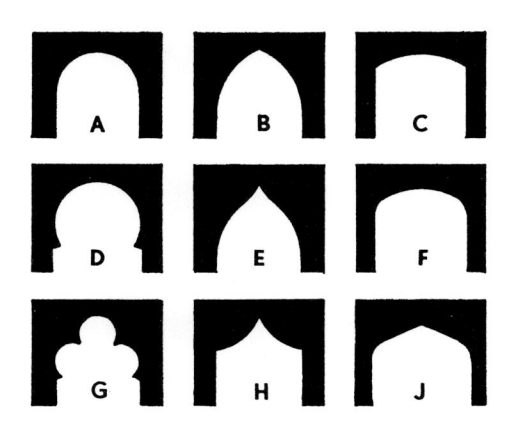

Dienste: schlanke Viertel-, Halb- oder Dreiviertelsäulen an Wänden und Pfeilern. Sie stützen die Grate und Rippen eines Kreuzrippengewölbes. Die "alten" Dienste sind stärker dimensioniert und tragen die Gurt- und Schildbogen, die schwächeren "jungen" Dienste stützen die Diagonalrippen.

Dachreiter: ein kleines, schlankes Türmchen auf dem Dachfirst, meist über der Vierung; zuerst auf den turmlosen Zisterzienserkirchen des 12. Jahrhunderts.

163

Dreipaß: ein aus drei Bögen kleeblattförmig zusammengesetztes Maßwerk.

Fassade (franz. façade): Schauseite eines Bauwerks, meist auch dessen Haupteingangsseite.

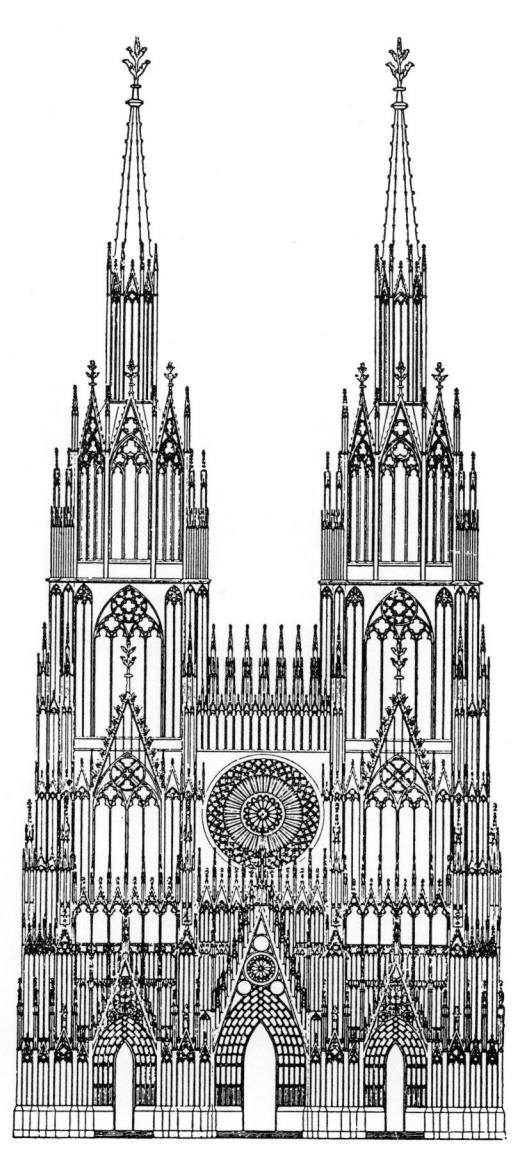

Fensterrose: kreisförmiges, mit Maßwerk gefülltes Fenster, meist über dem Hauptportal und in Querschiffgiebeln.

Reims, Kathedrale: Maßwerk der West-Rose. Vollendet um 1285.

Zweischneuß

Dreischneuß

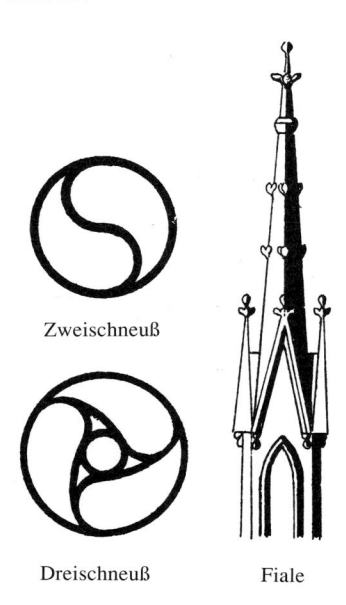

Fiale

Westfassade des Straßburger Münsters (Riß B)

Fiale (altfranz. Töchterchen): schlankes, spitzes Türmchen als Bekrönung von Strebepfeilern oder als Flankierung der Wimperge in der gotischen Architektur.

Fischblase: spätgotische Maßwerkfigur, die an die Form einer Fischblase erinnert; auch Schneuß genannt (Zweischneuß, Dreischneuß).

Flamboyant (franz. flammend): aus der Fischblase entwickeltes flammenähnliches Maßwerk der französischen Spätgotik (14. und 15. Jh.).

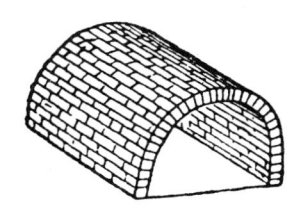

Tonnengewölbe

Kreuzgratgewölbe

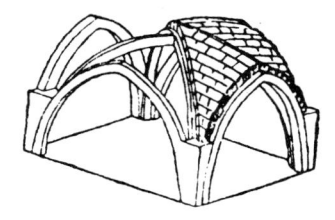

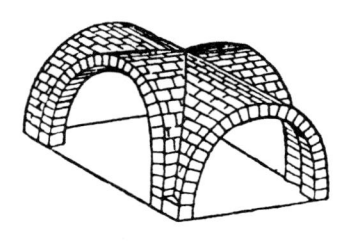

Gewölbeformen: Entwicklung von der Romanik zur Gotik.

1. Tonnengewölbe: ein Gewölbe in Form einer längs durchschnittenen Tonne mit meist halbkreisförmigem Querschnitt.

2. Kreuzgratgewölbe: eine Gewölbeform, die entsteht, wenn zwei im rechten Winkel zueinander gestellte Tonnengewölbe sich durchdringen. An den Durchdringungslinien bilden sich Grate.

3. Kreuzrippengewölbe: bei dieser Gewölbeform sind entweder den Graten des Kreuzgewölbes Rippen unterlegt, oder die Diagonalrippen sind die eigentlichen Träger des Kreuzgewölbes.

Kreuzrippengewölbe

Gotik: Das Wort Gotik wurde im 15. Jh. von italienischen Humanisten und Künstlern als Bezeichnung für eine nichtantike, im Norden entstandene barbarische (gotische) Kunst gebraucht. Erst seit Goethe und der deutschen Romantik hat der Begriff seine geringschätzige Bedeutung verloren.

Als ich das erste Mal nach dem Münster ging, hatt ich den Kopf voll allgemeiner Erkenntnis guten Geschmacks. Auf Hörensagen ehrt' ich die Harmonie der Massen, die Reinheit der Formen, war ein abgesagter Feind der verworrnen Willkürlichkeiten gotischer Verzierungen. Unter die Rubrik Gotisch, gleich dem Artikel eines Wörterbuchs, häufte ich alle synonymische Mißverständnisse, die mir von Unbestimmtem, Ungeordnetem, Unnatürlichem, Zusammengestoppeltem, Aufgeflicktem, Überladenem jemals durch den Kopf gezogen waren. Nicht gescheiter als ein Volk, das die ganze fremde Welt barbarisch nennt, hieß alles gotisch, was nicht in mein System paßte, von dem gedrechselten bunten Puppen- und Bilderwerk an, womit unsre bürgerlichen Edelleute ihre Häuser schmücken, bis zu den ernsten Resten der ältern deutschen Baukunst, über die ich auf Anlaß einiger abenteuerlichen Schnörkel in den allgemeinen Gesang stimmte: ‚Ganz von Zierat erdrückt'; und so graute mir's im Gehen vorm Anblick eines mißgeformten, krausborstigen Ungeheuers.

Mit welcher unerwarteten Empfindung überraschte mich der Anblick, als ich davor trat. Ein ganzer, großer Eindruck füllte meine Seele, den, weil er aus tausend harmonierenden Einzelheiten bestand, ich wohl schmecken und genießen, keineswegs aber erkennen und erklären konnte. Sie sagen, daß es also mit den Freuden des Himmels sei, und wie oft bin ich zurückgekehrt, diese himmlisch irdische Freude zu genießen, den Riesengeist unsrer ältern Brüder in ihren Werken zu umfassen. Wie oft bin ich zurückgekehrt, von allen Seiten, aus allen Entfernungen, in jedem Lichte des Tags, zu schauen seine Würde und Herrlichkeit. Schwer ist's dem Menschengeist, wenn seines Bruders Werk so hoch erhaben ist, daß er nur beugen und anbeten muß. Wie oft hat die Abenddämmerung mein durch forschendes Schauen ermattetes Aug' mit freundlicher Ruhe gelebt, wenn durch sie die unzähligen Teile zu ganzen Massen schmolzen und nun diese einfach und groß vor meiner Seele standen und meine Kraft sich wonnevoll entfaltete, zugleich zu genießen und zu erkennen.

Da offenbarte sich mir in leisen Ahndungen der Genius des großen Werkmeisters. Was staunst du, lispelt er mir entgegen.

Aus: Goethe, Von deutscher Baukunst, 1772

Gurtbogen: ein Bogen, der zwei Gewölbejoche voneinander trennt.

Joch: Teil des Gewölbes eines Kirchenschiffes, häufig durch Gurtbögen von den anschließenden Jochen getrennt.

Kämpfer: Tragplatte zwischen dem Gewölbe (dem Bogen) und der Mauer (der Stütze).

Hallenkirche: eine Kirche, deren Seitenschiffe genau so hoch sind wie das Mittelschiff.

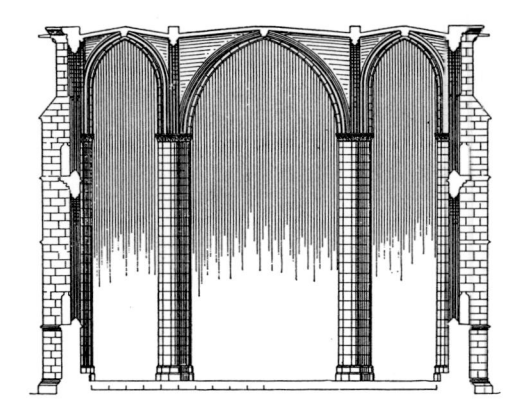

St. Elisabethkirche in Marburg, Querschnitt.

Konstruktionssystem der Gotik: Drei gleichzeitig angewandte konstruktive Elemente bilden die Wesensmerkmale des gotischen Baustils: 1. das Kreuzrippengewölbe, 2. der Spitzbogen, 3. das Strebewerk mit Strebepfeiler und Strebebogen. Für das Grundrißschema einer gotischen Kathedrale bedeutet diese Zusammenfassung, daß sich das Mittelschiff nicht mehr aus einer Folge von Quadraten zusammensetzt, sondern aus Rechtecken, deren Schmalseiten den Seiten eines Seitenschiffquadrates entsprechen.

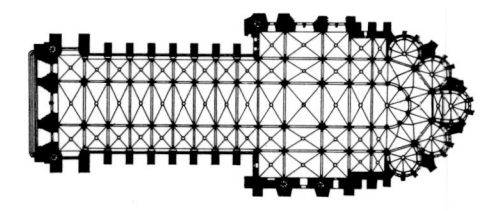

Reims, Kathedrale. Grundriß.

Anstelle eines Mittelschiffquadrates ist jetzt ein Mittelschiffrechteck mit nur je einem Seitenschiffquadrat gekoppelt, was man als gotisches Joch (frz. travée) bezeichnet. Die Joche folgen in dichterer Reihe als früher aufeinander. Ihre Stützen – Pfeiler oder Säulen – sind alle gleich stark und von gleicher Form. Der Pfeiler wurde jedoch bald bevorzugt, mit mehr oder weniger zahlreichen Säulen und Diensten umkleidet und als Bündelpfeiler ausgebildet. Über einem Rechteck kann man nur mit Halbkreisbogen wölben, wenn sie über den Schmalseiten "gestelzt" werden, wie dies anfänglich auch geschah, um die erforderliche gleiche Scheitelhöhe der Gewölbekappen zu erreichen. Durch die Verwendung des Spitzbogens war eine konstruktiv neue Lösung möglich geworden. Da er beliebig flach oder steil, wenn auch nur in beschränkter Spannweite, ausgeführt werden konnte, ergab sich für alle Bogen die gleiche Höhe des Ansatzes und auch des Scheitels. Bei dieser Art der Wölbung sammeln die Gewölberippen den Druck und die Last (Parallelogramm der Kräfte) und übertragen sie auf ihre Ansatzpunkte an den Stützen. Diese könnten den Druck nicht aushalten, wenn sie nicht von außen durch die Widerlager des Strebewerks gehalten würden, das mit dem Strebebogen genau am kritischen Punkt der Außenmauer ansetzt und von hier aus den Druck über den Bogen in den Strebepfeiler und über diesen weiter in den Boden ableitet. In die obere Seite der Strebebogen sind Rinnen gelegt, in denen das Regen- und Schmelzwasser von den Dächern gesammelt und durch die über den Bau vorspringenden Wasserspeier abgeleitet wird.

Das gotische System ist eine unverhüllt sichtbar gemachte Konstruktion, in der vor allem die Wände, wesentlich von Druck entlastet, weitgehend in Fenster aufgelöst werden können.

Schematische Darstellung des gotischen Konstruktionssystems (nach Viollet-le-Duc). (a) Strebepfeiler, (b) Fiale, (c) Strebebögen, (d) Triforium, (e) Gurtbögen und Kreuzrippen mit Schlußstein.

Krabbe: eine blattförmige Verzierung an den Kanten gotischer Architekturglieder, wie Fialen, Wimpergen und Turmhelmen.

Kreuzblume: gotische Schmuckform; die als Knospe oder Blume mit kreuzförmig angeordnetem Blattwerk gebildete Spitze von Fialen, Wimpergen und Turmhelmen.

Kreuzgratgewölbe: siehe Gewölbeformen.

Kreuzrippe: die Rippe unter den diagonalen Graten eines Kreuzgewölbes. Die Zwischenräume zwischen den Rippen sind mit nur dünnem Mauerwerk ausgefüllt.

Kreuzrippengewölbe: siehe Gewölbeformen.

Maßwerk: ein steinernes, aus Kreisen und Kreisbogen konstruiertes Bauornament der Gotik (Kreise und Kreisbogen sind durch das Stabwerk verbunden), besonders im Bogenfeld gotischer Fenster.

Maßwerkfenster von der Kathedrale von Reims.

Maßwerkformen gotischer Fenster

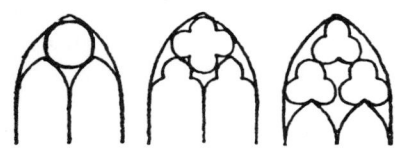

13. Jahrhundert

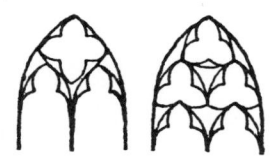

14. Jahrhundert

Paß: Paß ist der Zirkelschlag; eine romanische und besonders gotische Maßwerkfigur, die auf dem Dreiviertelkreis aufbaut (Dreipaß, Vierpaß usw.).

Dreipaß   Vierpaß

Pfeiler: eine senkrechte Stütze mit quadratischem, rechteckigem oder polygonalem Querschnitt.

Radfenster: siehe Fensterrose.

Rippe: ein plastisch aus dem Gewölbe hervortretendes, meist profiliertes Steinband.

Rosette (franz. Röschen): häufiges Ornamentmotiv, bei dem in einem kreisförmigen Umriß vom Mittelpunkt aus mehr oder weniger abstrakte blattähnliche Gebilde radial angeordnet sind.

Säule: eine senkrechte, im Querschnitt runde, sich meist nach oben verjüngende Stütze im Bau. Sie besteht aus Basis, Schaft und Kapitell.

Spitzbogen: eine aus zwei Kreisbögen mit gleichem Radius zusammengesetzte Bogenform. Die Mittelpunkte der beiden Kreisbögen können
a) in den Kämpfern liegen: normaler Spitzbogen,
b) außerhalb der Kämpfer liegen: überspitzer Bogen (Lanzettbogen),
c) zwischen den beiden Kämpfern liegender stumpfer Spitzbogen.

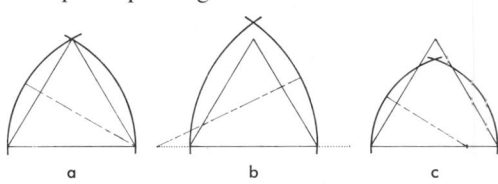

a   b   c

Stabwerk: schmale steinerne Stäbe, die das gotische Fenster in senkrechte Felder aufteilen und das Maßwerk stützen.

Trifarium (altfranz. trifoire = durchbrochene Arbeit): im Innenraum romanischer und besonders gotischer Kirchen ein schmaler, in drei oder mehr Bogen sich öffnender, begehbarer Laufgang zwischen Arkaden und Fenstern von Mittelschiff, Querschnitt und Chor.

Tympanon (griech.): beim griechischen Tempel das Giebelfeld, sonst das Bogenfeld, das beim Portal über dem Türsturz vom Rundbogen umschlossen wird.

Vielpaß: ein aus vielen Bögen zusammengesetztes Maßwerk

Wimperg (mhd. wintberg = windgeschützte Stelle): gotischer Ziergiebel über Fenster und Türen, häufig von Fialen flankiert. Das Giebelfeld ist mit Blendmaßwerk gefüllt, die Giebelschrägen mit Krabben besetzt und die Spitze mit einer Kreuzblume bekrönt.

Verzeichnis der (mehrfach aufgerufen) Prozeduren

Nicht aufgeführt sind in diesem Verzeichnis Prozeduren, die nur für ein einziges Anwendungsprogramm geschrieben sind und solche Prozeduren, die ausschließlich von übergeordneten Aufrufprozeduren vertreten werden. Diese Prozeduren, d.h. auch die meisten elementaren Prozeduren, finden Sie über das Register oder über die folgende Rangordnung der Prozeduren in den Prozedurenpaketen.

ARKADE(Form:string;Hoehe,Schub:real; Zahl:integer);   S. 103
Bei Eingabe der Säulen-Höhe, des Abstandes zwischen den senkrechten Bogenachsen (Schub) und eines Kennwortes für die Form (aus dem Katalog FORMWAHL) reiht die Prozedur die gewünschte Zahl von Bogen aneinander. Achtung: Der String muß in Hochkommata eingeschlossen sein!

AUF_ORT;   S. 35
Der Cursor kehrt ohne eine Spur zu hinterlassen zu der Bildschirmposition zurück, deren Daten er sich mit MERKE_ORT gespeichert hat.

BAND(Form:string;Breite,Schub:real; Zahl:integer);   S. 90
Bei Eingabe der Breite des Motivs, des Abstandes zwischen den senkrechten Motivachsen (Schub) und eines Kennwortes für die Form (aus dem Katalog MOTIVWAHL) reiht die Prozedur die gewünschte Zahl von Motiven aneinander. (Diese Prozedur nimmt also im Buch die Arbeitsweise der Prozedur ARKADE vorweg.)

BLATT(Breite:real);   S. 52
Zeichnet blattförmiges Maßwerk für spitzbogige Fensterabschlüsse mit bestimmbarer Spannweite, d.h. Breite.

BLATTBOGEN(Breite:real)   S. 52
Füllt einen Spitzbogen (s. S. 49) mit blattförmigem Maßwerk.

BOGEN_L(Winkel,Radius:real);
Wie BOGEN_R (siehe nächstes Stichwort), nur linksdrehend.

BOGEN_R(Winkel,Radius:real);   S. 50
Zeichnet einen rechtsdrehenden Kreis-Bogen. Radius und Winkelweite sind bestimmbar.

DREIBLATT_(Breite:real);   S. 54
Zeichnet Blattmaßwerk und umfängt es mit einem auf der Spitze stehenden Bogendreieck.

DREIPASS(Radius:real);   S. 66
In einen Kreis mit bestimmbarem Radius wird ein Dreipaß mit senkrechter Symmetrieachse eingezeichnet, so daß oben ein und unten zwei Dreiviertelbogen entstehen.

DREIPASS1(Radius:real);   S. 65
Wie DREIPASS, aber ohne Umkreis.

FENSTER(Form:string; Breite,Hoehe:real);   S. 101
Bei zusätzlicher Eingabe der Breite und der Fensterrahmen-Höhe zeichnet die Prozedur ein Fenster mit wählbarer Giebel-Form.

FLUEGELPAAR(Breite,Hoehe:real);   S. 104
Zeichnet zwei gleiche Maßwerkfenster mit bestimmbarer Breite und Rahmen-Höhe nebeneinander.

FORMWAHL(Form:string;Mass:real);   S. 76
Mit dieser Prozedur können übergeordnete Prozeduren (z.B. ARKADE, GEWAENDE, FENSTER usw.) durch Eingabe eines Strings wahlweise mit verschiedenen Maßwerkformen ausgestattet werden. Die Breite bzw. der Radius sind über die Variable "Maas" bestimmbar.

171

GEWAENDE(Form:string;Breite, Hoehe:real; Zahl:integer); S. 102
Bei Eingabe der Rahmen-Höhe, der lichten Weite (Breite) und eines Kennwortes für den Fensterabschluß aus dem Katalog FORM-WAHL legt die Prozedur die gewünschte Zahl von Rahmen um ein Fenster (FENSTER.PRC).

GLEICHSCHENKEL(Grundseite,Schenkel, Basiswinkel:real); S. 36
Zeichnet an jedes Ende der waagrechten Grundseite die Schenkel der beiden gleich großen Basiswinkel, so daß in der Regel noch kein gleichschenkliges Dreieck, sondern nur eine achsensymmetrische Figur entsteht (RAD.PRC).

HUFBOGEN(Hoehe, Radius, Winkel:real); S. 64
Zeichnet einen zur senkrechten Achse symmetrischen Bogen auf einem unsichtbaren Stiel. Der Radius, der Winkel des Bogens und seine maximale Höhe über dem Cursorstartpunkt sind bestimmbar.

KIELBOGEN(Breite:real); S. 59
Zeichnet einen Kielbogen bzw. Eselsrücken mit veränderbarer Weite (Breite).

KLEE(Breite;real); S. 51
Zeichnet einen Kleeblattbogen.

KLEEBOGEN(Breite:real); S. 51
Legt einen Rundbogen um den Kleeblattbogen von KLEE.

KOPF(Breite:real); S. 60
Zeichnet eine dem Kleeblattbogen ähnliche Maßwerkfüllung für einen SPITZBOGEN.

KRANZ(Form:string;Zahl:integer; Radius,Mass:real); S. 76
Bei Eingabe des Inkreis-Radius und eines Kennwortes für eine Maßwerkform aus dem Katalog FORMWAHL ordnet die Prozedur die gewünschte Zahl von Formelelementen um einen Mittelpunkt an. Ein Maß für die passende maximale Elementbreite muß vom Benutzer oder von der aufrufenden Prozedur jeweils eingegeben werden. (Die Prozedur ist eine komplexere Variante der im Buch vorausgehenden Prozedur PASSKRANZ (S. 64), jetzt für Fensterrosen statt für Pässe.)

KREIS(Radius:real); S. 47
Zeichnet ein fast kreisrundes Vieleck um den momentanen Cursorstandpunkt.

MERKE_ORT; S. 35
Speichert die momentanen Koordinaten (Xa und Ya) und den momentanen Kurs (KURSa) des Cursors, um später und AUF_ORT diese Position wieder einnehmen zu können. Xa, Ya und KURSa sind globale Variablen, die vor Prozedurgebrauch als Realzahlen deklariert werden müssen.

MOTIVWAHL(Form:string;Mass:real); forward; S. 90
Diese mit "forward" versehene Prozeduren-Kopfzeile ermöglicht das Programmieren von Prozeduren, die wahlweise verschiedene Motive verwenden können. Reale Wahlmöglichkeit wie bei FORMWAHL ist allerdings erst gegeben, wenn wie in der Motivwahlprozedur (S. 92, S. 99 und S. 119) konkrete Formen zur Verfügung stehen.

NONNENKOPF(Breite:real); S. 60
Legt einen Spitzbogen wie eine Haube um das hier KOPF genannte Maßwerk.

PAESSE(Z:integer;R:real;PassZ:integer; PassR:real;Um,Ri:string); S. 130
Die Prozedur ordnet innerhalb eines bestimmbaren Radius (R) eine Anzahl (Z) von Pässen mit bestimmbarer Paßzahl (PassZ) und Paßradius (PassR) zu einem Kranz an. Weist man der Umkreisvariablen (Um) den String "frei" zu, so unterbindet man, daß die Pässe von Kreisen eingefaßt werden. Der String "dreh" in der Richtungsvariablen (Ri) bewirkt eine Drehung der Paßachsen um einen halben

Mittelpunktswinkel. Den kleinen Radius (Radius_k) der einzelnen Pässe ermittelt die Prozedur mit Hilfe von PASSMASS selbständig.

PASS(Zahl:integer;Radius:real); S. 125
Zeichnet einen Paß und faßt ihn mit einem Umkreis ein. Bestimmbar ist die Bogen-Zahl und der Umkreis-Radius. (Die Prozedur ermittelt mit Hilfe der Prozedur PASSMASS den Miniradius für den PASSKRANZ selbständig.)

PASS1(Zahl:integer;Radius:real); S. 125
Wie PASS, nur ohne Einfassung durch einen Kreis.

PASSBOGEN(Breite:real); S. 67
Zeichnet die obere Hälfte eines Vierpasses und legt noch einen Rundbogen darum. Die Weite (Breite) des Bogens entspricht dem Paßdurchmesser.

PASSBOGEN1(Breite:real); S. 67
Wie PASSBOGEN, nur ohne Rundbogen.

PASSKRANZ(Zahl:integer;Radius, Miniradius:real); S. 64
Ordnet eine beliebige Zahl von Dreiviertelbogen gleichmäßig um einen Mittelpunkt an. Die Dreiviertelbogen überschreiten den Umkreis-Radius nicht. Ein passender Wert für den Radius der Dreiviertelbogen (Miniradius) muß gefunden und eingegeben werden.

PASSMASS(Zahl:integer;Radius:real); S. 125
Konstruiert einen passenden kleinen Radius (Radius_k) für die Dreiviertelbogen in PASSKRANZ, so daß sich die Einzelbogen zu einem Vielpaß verbinden. Die Zahl der Dreiviertelbogen und der Außen-Radius des Passes kann über die Kopfvariablen bestimmt werden. Vor dem Proceduraufruf muß die globale Variable Radius_k als Realzahlvariable deklariert werden.
Die Konstruktionsarbeit kann sichtbar gemacht werden, wenn man die Befehle STIFTHOCH und STIFTAB am Beginn und am Ende der Prozedur löscht. Dabei treten, je nach Bildschirmauflösung, Verzerrungen hervor, weil die optische Korrekturfunktion in der Prozedur ZULAUF zugunsten der Meßgenauigkeit vorübergehend aufgehoben ist (vergleiche dazu S. 96).

PEILLAUF(Xzu,Yzu,Sollwinkel:real); S. 124
Der Cursor läuft so lange in seiner bereits eingeschlagenen Richtung weiter, bis die Verbindungslinie zwischen ihm und dem angepeilten Punkt (Koordinaten Xzu und Yzu) um den einzugebenden Sollwinkel von der Nord-Südrichtung abweicht.

PETALKRANZ(Form:string;
Zahl:integer;Radius,Mass:real); S. 149
Bei Eingabe des Umkreis-Radius und eines Kennwortes für eine Maßwerkform aus dem Katalog FORMWAHL ordnet die Prozedur die gewünschte Zahl von Formelementen um einen Mittelpunkt an. Ein Maß für die passende maximale Elementbreite muß vom Benutzer oder von der aufrufenden Prozedur jeweils eingegeben werden. (Die Prozedur arbeitet also wie KRANZ (S. 76), nur legt sie die Einzelformen vom Kreis aus nach innen statt nach außen.)

PETALMASSE_RUND(Zahl:integer;
Radius:real); S. 149
Die Prozedur konstruiert zusammen mit der Prozedur PETALMASSE bei Eingabe der Sektoren-Zahl und des Außenradius die Masse für eine Fensterrose mit runden zentripetalen Elementen. (Die Prozedur leistet also ähnliches, wie die im Buch vorausgehende Prozedur RADMASSE_RUND, nun aber für zentripetale Fensterrosen.) Vor Aufruf der Prozedur müssen die globalen Variablen für den Innenradius, den Restradius (= Außenradius − Höhe der Elemente) und für die maximale Breite der Sektoren als Realzahlvariablen deklariert werden. Das kann im Programmkopf oder am Beginn des Prozedurenpaketes MASS.PRC geschehen. Die Konstruktionsarbeit wird sichtabr, wenn man die Befehle STIFTHOCH

und STIFTAB am Beginn und am Ende der Prozedur löscht. Dabei treten, je nach Bildschirmauflösung, Verzerrungen hervor, weil die optische Korrekturfunktion zugunsten der Meßgenauigkeit vorübergehend aufgehoben ist (vergleiche dazu S. 96).

PETALMASSE_SPITZ(Zahl:integer; Radius:real);   S. 149
Wie PETALMASSE_RUND, nur für zentripetale Fensterrosen mit spitzen Elementen.

QUADRAT_M(Seite:real);   S. 43
Zeichnet vom Diagonalenschnittpunkt (M) aus ein Quadrat, das nicht auf der Spitze steht.

RADMASSE_RUND(Zahl:integer; Radius:real);   S. 134
Konstruiert zusammen mit der Prozedur RADMASSE bei Eingabe der Lanzetten-Zahl und des Außenradius die Masse für eine Fensterrose mit runden Lanzettenformen. Vor Aufruf der Prozedur müssen die globalen Variablen für den Innenradius, den Speichenradius und für die maximale Breite der Lanzetten sowie für die Dicke der Speichen als Realzahlvariablen deklariert werden. Das kann am Beginn des Prozedurenpaketes MASS.PRC geschehen. Die Konstruktionsarbeit wird sichtbar, wenn man die Befehle STIFTHOCH und STIFTAB am Beginn und am Ende der Prozedur löscht. Dabei treten, je nach Bildschirmauflösung, Verzerrungen hervor, weil die optische Korrekturfunktion zugunsten der Meßgenauigkeit vorübergehend aufgehoben ist (vergleiche dazu S. 96).

RADMASSE_SPITZ(Zahl:integer; Radius:real);   S. 134
Wie RADMASSE_RUND, nur für Fensterrosen mit spitzen Lanzettenformen.

REIFEN(Zahl:integer;Miniradius, Dicke:real);   S. 44
Legt um den Innenradius (Miniradius) eine bestimmbare Anzahl von Kreisringen mit bestimmbarer Dicke.

RUNDBOGEN(Breite:real);   S. 51
Zeichnet die obere Hälfte eines Kreises um den Kreismittelpunkt.

SCHUB_L(Laenge:real);   S. 33
Verschiebt den Cursor um die eingegebene Länge nach links, ohne eine Spur zu hinterlassen. Der Kurs des Cursors bleibt dabei unverändert (Parallelverschiebung).

SCHUB_R(Laenge:real);   S. 33
Parallelverschiebung nach rechts (s. SCHUB_L).

SCHUB_V(Laenge:real);   S. 33
Parallelverschiebung nach vorne (s. SCHUB_L).

SCHUB_Z(Laenge:real);   S. 33
Parallelverschiebung zurück (s. SCHUB_L).

SCHWINGE(Radius;real);   S. 52
Zeichnet rechts vom Cursorstartpunkt die Hälfte eines Blattbogens (s. BLATT).

SPEICHENRAD(Zahl;integer; Radius,Nabe,Dicke:real);   S. 47
Die Prozedur zeichnet die gewünschte Zahl von Speichen mit der gewünschten Dicke in dem gewünschten Radius, so daß die Rad-Nabe frei bleibt.

SPITZBOGEN(Breite;real);   S. 51
Zeichnet einen Spitzbogen mit bestimmbarer Weite (Breite) symmetrisch über die momentane Cursorpositon.

SPITZBOGEN1(Breite:real);   S. 50
Zeichnet einen Spitzbogen rechts von der momentanen Cursorposition.

VIERBLATT(Breite:real);   S. 72
Plaziert vier Spitzbogen so nahe um die momentane Cursorposition, daß sich ihre Fußpunkte berühren, und faßt das kreuzförmige Gebilde mit vier Bogen ein.

VIERBLATT1(Breite:real);   S. 54
Wie VIERBLATT, nur ohne Einfassung

VIERBOGEN(Radius:real);   S. 71
Zeichnet ein Viereck aus vier flachen Bogen um den momentanen Cursorstandpunkt. Der Innen-Radius der Figur ist bestimmbar.

VIERBOGEN_(Radius:real);   S. 71
Dreht einen VIERBOGEN um sein Zentrum, so daß er auf der Spitze steht.

VIERPASS(Radius:real);   S. 66
In einen Kreis mit bestimmbarem Radius wird kreuzförmig ein Vierpaß-Maßwerk gezeichnet.

VIERPASS_(Radius:real);   S. 66
Der VIERPASS wird um 45 Grad um sein Zentrum gedreht.

VIERPASS1(Radius:real);   S. 65
Ein VIERPASS ohne sichtbaren Umkreis.

ZUG_L(Zahl:integer;Laenge,Winkel:real);
Wie ZUG_R (siehe nächstes Stichwort), nur mit Linksdrehung.

ZUG_R(Zahl:integer;Laenge, Winkel:real);   S. 29
Zeichnet eine beliebige Zahl von Seiten beliebiger Länge für ein Vieleck. Der Außenwinkel an den Ecken muß eingegeben werden. Die Prozedur führt die Rechtsdrehungen an den Ecken jeweils zur Hälfte vor und nach dem Zeichnen einer Seite aus.

ZULAUF(Xzu:real);   S. 113
Der Cursor läuft so lange in seiner bereits eingeschlagenen Richtung weiter, bis er bei der senkrechten Ziellinie mit der X-Koordinate Xzu ankommt. Den Weg bis dahin hält er einer globalen Variablen fest. Sie muß vor Prozeduraufruf deklariert und auf 0 gesetzt werden. Damit die rechnerische Genauigkeit der Wegmessung nicht durch die vorgegebene optische Korrektur des Grafikbildschirms verzerrt wird, hebt die Prozedur diese Korrektur vorübergehend auf (vergleiche dazu S. 96).

Rangordnung der Prozeduren in den Prozedurpaketen

Der Aufbau dieses Buches entspricht weitgehend der Hierarchie der verwendeten Prozeduren. Trotzdem müssen nicht unbedingt alle Prozeduren streng in der Reihenfolge ihres Auftretens erarbeitet werden, erst recht nicht alle Anwendungsprogramme. Wer Kapitel überspringen will, dem gibt die folgende Liste Hinweise, welche Prozeduren aus den übersprungenen Kapiteln er benötigt und in seine Prozedurenpakete aufnehmen muß.

Prozedur	Seite	Proz.-paket	Kapitel
I. Teil			
STIFTHOCH;	21	STIFT.PRC	1.4.1
STIFTAB;	21	STIFT.PRC	1.4.1
AUFXY(Xziel,Yziel:real);	21	STIFT.PRC	1.4.1
AUFKURS(Winkel);	21	STIFT.PRC	1.4.1
MITTE;	22	STIFT.PRC	1.4.1
GRAFIKEIN;	22	STIFT.PRC	1.4.1
GRAFIKAUS;	22	STIFT.PRC	1.4.1
RECHTS(Winkel:real);	22	STIFT.PRC	1.4.1
LINKS(Winkel:real);	22	STIFT.PRC	1.4.1
VORWAERTS (Laenge:real);	22	STIFT.PRC	1.4.1
RUECKWAERTS(Laenge:real);	22	STIFT.PRC	1.4.1
PEILE(Xziel,Yziel:real);	23	STIFT.PRC	1.4.1
HAKEN_R(Laenge,Winkel:real);	29	RAD.PRC	1.5.1
HAKEN_L(Laenge,Winkel:real);	29	RAD.PRC	1.5.1
ZUG_R(Zahl:integer;Laenge,Winkel:real);	29	RAD.PRC	1.5.1
ZUG_L(Zahl:integer;Laenge,Winkel:real);	29	RAD.PRC	1.5.1
QUADRAT(Seite;real);	30	RAD.PRC	1.5.2
DREIECK(Seite:real);	30	RAD.PRC	1.5.2
VIELECK(Zahl:integer;Seite:real);	30	RAD.PRC	1.5.2
SECHSECK(Seite:real);	31	RAD.PRC	1.5.2
KREISECK(Seite:real);	31	RAD.PRC	1.5.3
SCHUB_V(Laenge:real);	33	RAD.PRC	1.6.2
SCHUB_Z(Laenge:real);	33	RAD.PRC	1.6.2
SCHUB_R(Laenge:real);	33	RAD.PRC	1.6.2
SCHUB_L(Laenge:real);	33	RAD.PRC	1.6.2
MERKE_ORT;	35	RAD.PRC	1.6.4
AUF_ORT;	35	RAD.PRC	1.6.4
GLEICHSCHENKEL(Grundseite,Schenkel, Basiswinkel:real);	36	RAD.PRC	1.6.4
DACH(Seite:real);	42	RAD.PRC	2.1
SECHSECK_M(Seite:real);	43	RAD.PRC	2.1
KREIS(Radius:real);	43	RAD.PRC	2.1

QUADRAT_M (Seite:real);	43	RAD.PRC	2.1
REIFEN(Zahl:integer;Miniradius,Dicke:real);	44	RAD.PRC	2.2
SPEICHE(Laenge,Dicke:real);	47	RAD.PRC	2.4
SPEICHENRAD(Zahl:integer;Radius,Nabe,Dicke);	47	RAD.PRC	2.4
BOGEN_R(Winkel,Radius:real);	50	BOGEN.PRC	3.1
BOGEN_L(Winkel,Radius:real);	50	BOGEN.PRC	3.1
SPITZBOGEN1(Breite:real);	50	BOGEN.PRC	3.2
SPITZBOGEN(Breite:real);	51	BOGEN.PRC	3.2
RUNDBOGEN(Breite:real);	51	BOGEN.PRC	3.2
KLEE(Breite:real);	51	BOGEN.PRC	3.2
KLEEBOGEN(Breite:real)	51	BOGEN.PRC	3.2
SCHWINGE(Breite:real);	52	BOGEN.PRC	3.2
BLATT(Breite:real);	52	BOGEN.PRC	3.2
BLATTBOGEN(Breite:real);	52	BOGEN.PRC	3.2
BOGENDREIECK(Breite:real);	53	BOGEN.PRC	3.3
DREIBLATT(Breite:real);	53	BOGEN.PRC	3.3
DREIBLATT_(Breite:real);	54	BOGEN.PRC	3.3
VIERBLATT1(Breite:real);	54	BOGEN.PRC	3.3
BORD_L(Breite:real);	59	BOGEN.PRC	3.6
BORD_R(Breite:real);	59	BOGEN.PRC	3.6
KIELBOGEN(Breite:real);	59	BOGEN.PRC	3.6
KOPF(Breite:real);	60	BOGEN.PRC	3.6
NONNENKOPF(Breite:real);	60	BOGEN.PRC	3.6
HUF_L(Hoehe,Radius,Winkel:real);	63	BOGEN.PRC	4.1
HUF_R(Hoehe,Radius,Winkel:real);	64	BOGEN.PRC	4.1
HUFBOGEN(Hoehe,Radius,Winkel:real);	64	BOGEN.PRC	4.1
PASSKRANZ(Zahl:integer;Radius,Miniradius:real);	64	BOGEN.PRC	4.1
DREIPASS1(Radius:real);	65	BOGEN.PRC	4.1
VIERPASS1(Radius:real);	65	BOGEN.PRC	4.1
DREIPASS(Radius:real);	66	BOGEN.PRC	4.1
VIERPASS(Radius:real);	66	BOGEN.PRC	4.1
VIERPASS(Radius:real);	66	BOGEN.PRC	4.1
PASSBOGEN1(Breite:real);	67	BOGEN.PRC	4.2
PASSBOGEN(Breite:real);	67	BOGEN.PRC	4.2
DREIBOGEN(Radius:real);	71	BOGEN.PRC	4.4
DREIBOGEN_(Radius:real);	71	BOGEN.PRC	4.4
VIERBOGEN(Radius:real);	71	BOGEN.PRC	4.4
VIERBOGEN_(Radius:real);	71	BOGEN.PRC	4.4
VIERBLATT(Breite:real);	72	BOGEN.PRC	4.5
FORMWAHL (Form:string;Mass:real);	76	BOGEN.PRC	5.1
KRANZ(Form:string;Zahl:integer;Radius,Mass:real);	76	BOGEN.PRC	5.1

II. Teil

MOTIVWAHL(Form:string;Mass:real);forward;	90/92/99	BAND.PRC	6.3
BAND1(Form:string;Breite,Schub:real;Zahl:integer);	90	BAND.PRC	6.3
BAND(Form:string;Breite,Schub:real;Zahl.integer);	90	BAND.PRC	6.3
FENSTERRAHMEN(Breite,Hoehe:real);	101	FENSTER.PRC	7.1
FENSTER(Form;string;Breite,Hoehe:real);	101	FENSTER.PRC	7.1
GEWAENDE (Form:string; Breite,Hoehe:real;Zahl:integer);	102	FENSTER.PRC	7.1
ARKADE1(Form:string: Hoehe,Schub:real;Zahl:integer);	102	FENSTER.PRC	7.2
ARKADE(Form:string;Hoehe,Schub:real;Zahl:integer);	103	FENSTER.PRC	7.2
FLUEGEL(Breite,Hoehe:real);	103	FENSTER.PRC	7.3
FLUEGELPAAR(Breite,Hoehe:real);	104	FENSTER.PRC	7.3
ZULAUF(Xzu:real);	113	MASS.PRC	7.7

III. Teil

PEILLAUF(Xzu,Yzu,Sollwinkel:real);	124	MASS.PRC	8.2
PASSMASS(Zahl:integer;Radius:real);	125	MASS.PRC	8.2
PASS1(Zahl:integer;Radius:real);	125	MASS.PRC	8.2
PASS(Zahl:integer;Radius:real);	125	MASS.PRC	8.2
PASSWAHL(PassZ:integer;PassR:real;Um,Ri:string);	130	MASS.PRC	8.5
PAESSE(Z:integer;R:real;PassZ:integer; PassR:real;Um,Ri:string);	130	MASS.PRC	8.5
RADMASSE(Winkel:real;Zahl:integer;Radius:real);	134	MASS.PRC	9.1
RADMASSE_SPITZ(Zahl:integer;Radius:real);	134	MASS.PRC	9.1
RADMASSE_RUND (Zahl:integer;Radius:real);	134	MASS.PRC	9.1
PETALMASSE(Winkel:real;Zahl:integer;Radius:real);	149	MASS.PRC	9.4
PETALMASSE_RUND (Zahl:integer;Radius:real);	149	MASS.PRC	9.4
PETALMASSE_SPITZ(Zahl:integer;Radius:real);	149	MASS.PRC	9.4
PETALKRANZ(Form:string;Zahl:integer; Radius,Mass:real);	149	MASS.PRC	9.4

Abbildungsverzeichnis

Soweit nicht vom Autor selbst erstellt sind die Abbildungen mit freundlicher Genehmigung entnommen aus (die Angaben in Klammern nennen die Seite im vorliegenden Buch):

Aubert, Marcel: Hochgotik, Holle Verlag, Baden Baden 1963 (S. 143, S. 164 oben rechts, S. 166 unten)

Bildarchiv Foto Marburg (S. 20)

Breidenbach, Walter: Raumlehre in der Volksschule, Schroedel, Hannover 1966 (S. 89)

Cowen, Painton: Die Rosenfenster der gotischen Kathedralen, Herder, Freiburg 1988 (S. 62, S. 120)

Dehio, Georg/ Bezold, Gustav v.: Die kirchliche Baukunst des Abendlandes, Atlas, Band 5, Kröner, Stuttgart 1901 (S. 104 unten, S. 106 unten)

Hahnloser, Hans R.: Villard de Honnecourt, Kritische Gesamtausgabe des Bauhüttenbuches ms. fr 19093 der Pariser Nationalbibliothek, Akademische Druck- und Verlagsanstalt, Graz 1972 (S. 19, S. 28, S. 31 unten, S. 32 oben, S. 77 rechts, S. 111, S. 122)

Historisches Museum Frankfurt am Main (S. 24)

Kammerlohr, Otto: Epochen der Kunst II, Oldenbourg, München 1989 (Umschlagseite 1, S. 163, 164 links und rechts unten, S. 165 links, S. 166 oben, S. 167, S. 168 links oben und rechts)

Kiesow, Gottfried: Das Maßwerk in der deutschen Baukunst bis 1350, Dissertation, Göttingen 1956 (S. 9)

Macaulay, David: Sie bauten eine Kathedrale, Artemis Verlag, Zürich, München 1974 (S. 8)

Martin, Kurt (Hrsg.): Kunst des Abendlandes, II. Teil: Mittelalter, G. Braun Verlag, Karlsruhe 1969 (S. 165 rechts, S. 168 unten links)

Senat der Hansestadt Lübeck (Hrsg.): Hansestadt Lübeck, LN Verlagsgruppe Lübecker Nachrichten (S. 25)

Register

A

ACHTEL_L 40
ACHTEL_R 40
Algorithmus 14, 15
Altenberg 104
ALTENBERG 105
ALTENBERG1 105
Amiens 14, 28, 37
AMIENS 38
AMIENS1 38
Anwendungsprozedur 10
ARKADE 103
ARKADE1 102
Arnsberg 69
ARNSBERG 69
ARNSBERG1 69
AUF_ORT 35
AUFKURS 21
AUFXY 21
Augustinerkirche, Landau 129

B

Badisches Landesmuseum, Karlsruhe 87
BAHN_L 39
BAHN_R 39
BAND 90
BAND.PRC 90
BAND1 90
BASEL 80
BASEL_D 55
BASEL_D1 55
BASEL1 80
Baseler Münster 55, 80
Bauhütte, gotisch 19, 28
BAUM 117
BEAUVAIS 79
BEAUVAIS1 79
begin 16, 17

Biard, Nicolas de 19
BLATT 52
BLATTBOGEN 52
Bloch, Ernst 83, 85
BOGEN_R 50
BOGENDREIECK 53
BORD_L 59
BORD_R 59
Breidenbach, Walter 89, 91, 92, 95

C

CALVADOS 128
CALVADOS1 128
CGA-Grafik 18
Châlons-sur-Marne, Frankreich 153
CHALONS 153
CHALONS_AUSSEN 153
CHALONS_INNEN 153
CHALONS1 153
CHARS 82
Chars, Frankreich 81
CHARS1 82
CHARTRES 155
Chartres 28
CHARTRES_RAD 155
CHARTRES1 155
Circle 17
Compiler 15, 17, 25
compilieren 17
Cursor 9, 10, 23, 24

D

DACH 42
Datei 31, 90
Dateiname 25
detect 17
div 49
DREHSECHSECK 33
DREIBLATT 53
DREIBLATT_ 54
DREIBOGEN 71
DREIBOGEN_ 71

183

DREIECK 30
DREIECK_GLEICHSCHENKLIG 115
DREIPASS 66
DREIPASS1 65
DREISSIGSTERN 32

E

Eco, Umberto 121
Editor 14
end 16, 17
ETAMPES 151
ETAMPES1 151
exit 35

F

FENSTER 101
FENSTER.PRC 104
FENSTERRAHMEN 101
FISCH_S 61
Fischblase 60, 66, 67, 95, 111
flamboyant 111
FLUEGEL 103
FLUEGELPAAR 104
for ... to ... do ... 29
Formprozedur 10
FORMWAHL 76
forward 89
FRANKFURT 107
FRANKFURT_ROSE 107
FRANKFURT1 107
Frankfurter Dom 105
FREIBURG 144
FREIBURG_PAESSE 144
FREIBURG_RAD 144
FREIBURG1 144
Freiburger Münster 144
FRIES 88
FRIES1 88
FRIESMOTIV 87
FUENFSTERN 32

G

GEWAENDE 102
GIEBEL 27
GITTER 86
GITTER_M 86
GITTER1 85
GLEICHSCHNENKEL 36
GLUECK 77
GLUECK1 77
Gnadlersdorf, Mähren, CSFR 137
Goethe, Johann Wolfgang v. 83
Gotha 131
GOTHA 132
GOTHA1 132
GRAFIKAUS 15, 22
Grafikcursor 9
GRAFIKEIN 15, 22
Grafikkarte 17
Graph 16
GRAPH.P 20

H

HAKEN_R 29
Hardware 17
HERFORD 106
HERFORD_ROSE 106
HERFORD1 106
Hildesheim 69
HILDESHEIM 70
HILDESHEIM1 70
HOHENF 138
Hohenfurt, Böhmen, CSFR 138
HOHENFURT1 138
Honnecourt, Villard de 19, 28, 31, 77, 111, 123
HUF_L 63
HUF_R 64
HUFBOGEN 64
HYPOTENUSE 114

I

if /193/ then /193/ else /193/ 34
Include-Datei 31
integer 16
integer-Zahl 20

K

KARLSRUHE 88
KIELBOGEN 59
KLEE 51
KLEEBOGEN 51
Kölner Dom 83
Kommentarklammer 16
KONTAKT 15
KOPF 60
KRANZ 76
KREIS 43
KREISECK 31

L

LAJEN 56
Lajen, Südtirol 56
LAJEN1 56
LANDAU 129
LANDAU_BLAETTER 130
LANDAU_LANZETTEN 130
LANDAU1 130
Laon, Frankreich 151
LEO_L 91
LEO_R 91
LEO1_L 92
LEO1_R 92
LEO2 93
LEO3 93
LEO4 93
LEO4_R 94
LEO5 93
LEO6 93
LEO7 93
LEONHARD 94
LeWitt, Sol 12, 15, 18

Libergier, Hugues 20
Liebfrauenkirche, Trier 127
Limburg 45
LIMBURG 45
LIMBURG1 45
LineTo 16
LINKS 22
Listing 17
Logo 9, 20, 159
Loos, Adolf 83

M

Magdeburg 71, 72
MAGDEBURG 72
MAGDEBURG0 72
MAGDEBURG1 73
Marienkirche, Herford 105
Maschinensprache 15
MASS.PRC 113
Maßwerk 11, 19, 58, 63, 83, 91, 95
MERKE_ORT 35
MITTE 22
Möbius, Friedrich 101, 102
mod 49
MONTREAL_N 128
MONTREAL_N1 129
MONTREAL_W 81
MONTREAL_W1 81
MOTIVWAHL 90, 92, 99, 119
MoveTo 16
MULTISECHSECK 34

N

Naredi-Rainer, Paul v. 12
NEST 57
NICO 99
NICO_L 98
NICO_R 98
NICOFISCH_L 97
NICOFISCH_R 97
NICOLAI 98
NICOLAI1 99

NICOMASSE 97
NONNENKOPF 60
Notre Dame
 – Chartres, Frankreich 155
 – Etampes, Frankreich 151
 – Montréal, Frankreich 81, 128
 – Paris, Frankreich 140

O

Orbais, Jean de 127
Otterberg 11, 46
OTTERBERG 46
OTTERBERG1 46

P

PAESSE 131
PARIS 140
PARIS_KRANZ 140
PARIS_SPEICHEN 140
PARIS1 140
PASS 126
PASS1 126
PASSBOGEN 67
PASSBOGEN1 67
PASSKRANZ 64
PASSMASS 126
PASSWAHL 131
Paß 63
PEILE 23
PEILLAUF 124
PETALKRANZ 150
PETALMASSE 150
PETALMASSE_RUND 150
PETALMASSE_SPITZ 150
Pixel 18
Prozedur 17

Q

QUADRAT 30
QUADRAT_M 43

R

RADMASSE 135
RADMASSE_RUND 135
RADMASSE_SPITZ 135
ReadLn 17
real 24
real-Zahl 20
RECHTS 22
RecTangle 17
Regensburg 151
REIFEN 44
Reims 28, 142, 152
REIMS_CH 127
REIMS_CH1 127
REIMS_N 152
REIMS_N1 152
REIMS_W 142
REIMS_W_AUSSEN 142
REIMS_W_INNEN 142
REIMS_W_PAESSE 142
REIMS_W1 143
Rekursion 20, 34, 57, 58, 108
rekursiv 36, 58, 108
Reproduktion 92
round 49
ROYE 68
ROYE1 68
RUECKWAERTS 22
Run 15
RUNDBLASEN 67
RUNDBOGEN 51

S

SCHLETT 147
SCHLETT_FLUEGEL 147
SCHLETT_ROSE 147
SCHLETTSTADT1 147
Schlettstatt 145
Schneuß 67
Schopfheim, Bartholomäus von 95
SCHUB_L 33
SCHUB_R 33

SCHUB_V 33
SCHUB_Z 33
SCHUBSECHSECK 34
SCHWINGE 52
SCHWINGKREIS 56
SECHSECK 31
SECHSECK_M 43
Sens, Frankreich 11
SPEICHE 47
SPEICHENRAD 47
SPIEGELBILD 37
SPIEGELBILD1 37
SPITZBLASEN 61
SPITZBOGEN 51
SPITZBOGEN1 50
SPOLETO 139
Spoleto, Italien 139
SPOLETO_RAD 139
SPOLETO1 139
St-Jean-le-Blanc, Calvados, Frankreich 128
St. Denis, Abteikirche, Frankreich 133
St. Georg, Limburg 11
St. Leonhard, Frankfurt 87, 91, 95
St. Nicolai, Frankfurt 95
St. Trinité, Vendôme, Frankreich 111, 115, 118
St.-Etienne, Beauvais, Frankreich 12, 78
St.-Pierre, Roye, Frankreich 68
STABMOTIV 85
STAFFEL 109
STAFFEL1 109, 200
STIFT.PRC 21, 96
STIFTAB 21
STIFTHOCH 21
STRASSBURG 156
STRASSBURG_A 156
STRASSBURG_B 156
STRASSBURG1 157
Straßburger Münster 131, 156
string 24
STUFE 27
Suger, Abt von St. Denis 133
Syntax 15

Syntaxregel 15, 17

T

Textverarbeitungssystem 14
Turbo Pascal Version 3.0 20
Turbo Pascal Version 4.0 20
turtle 9
Turtlegrafik 20
Tympanon 57, 58
Typvereinbarung 26

U

Unterprogramm 17
uses 16

V

Variabl
 – globale 24
 – lokale 24
Variablenname 17
Variablentyp, integer 24
VENDOME 116
VENDOME1 116
VENDOMEMASSE 118
Vereinbarungsteil 16, 24
Verzweigung 34
VIELECK 30, 32
VIERBLATT 72
VIERBLATT_ 72
VIERBLATT1 54
VIERBOGEN 71
VIERBOGEN_ 71
VIERPASS 66
VIERPASS_ 66
VIERPASS1 65
VIERTEL 38
VORWAERTS 22

W

Wimpfen am Neckar 60

Wimpfen im Tal 54
WIMPFEN_S 61
WIMPFEN_S1 61
word 24
Worms 57, 58, 145, 154
WORMS_S 57
WORMS_T_FLUEGEL 145
WORMS_T_ROSE 145
WORMS_T1 145
WORMS_TAUF 145
WORMS_W 154
WORMS_W_AUSSEN 154
WORMS_W_INNEN 154
WORMS_W1 154

Z

Zeitz 71, 72, 73
ZEITZ 73
ZEITZ_A 73
ZEITZ_B 74
ZEITZ1 74
ZINNE 25
ZINNEN 25
ZNAIM 137
ZNAIM1 137
ZUG_R 29
ZULAUF 113
ZUNGE 119